地銀と中小企業の運命

橋本卓典

文春新書

1400

はじめに――「地銀再編」では解決しない

「それにしても、これまでの銀行ではダメになると、『あの時点』でよく書きましたね」

最近になって、金融関係者からこう指摘されるようになった。

「あの時点」とは、今から7年前の２０１６年、『捨てられる銀行』（講談社現代新書）を出版した時のことである。予想以上の反響を呼び、多くの読者に手に取っていただいた。

執筆動機は、「担保と保証に依存し、企業の事業性すら理解できず、低金利しか提案できない付加価値ゼロの貸し出しをノルマ営業で続けている銀行は生き残れない」と、強烈な問題意識を持ったことであった。

そして小説・ドラマで人気の「半沢直樹」も路線の修正を迫られると予感した。苛烈な検査と処分を下す恐怖の官庁として描かれた金融庁が変わりゆくところを目の当たりにしたからだ。

不良債権処理のため、１９９８年に誕生した金融庁（当時は金融監督庁）が、２０１５

年の森信親《のぶちか》長官の登場を境に、銀行の目先の「健全性」よりも、銀行の先にある「地域の企業と経済の成長や持続可能性」を重視する役所に生まれ変わろうとしていた。

人口減少が進む多くの地域においては、中小企業の成長や再生に対して、銀行自らが「自分事」として支援に取り組まなければ、銀行の顧客基盤そのものが失われかねない。拠《よ》って立つ地域においてどのような銀行を目指すのか。銀行が自らの経営戦略として企業や地域の活性化をどのように構想するのか。それを実現していく人的資本も含めた「経営力」を問う金融行政への大転換だ。「金融の持続可能性」を金融庁が重視するようになったのは自然な流れであった。

それでも7年前は、まだまだ半信半疑で受け止めた方が多かった。実際、「気にくわない」「私はそうは思わない」「一方的過ぎる」「長官が代わればどうせ金融庁は元に戻る」との反論も受けた。

しかし、地域で輝く中小企業を取材してみると、そのような悠長な話をしている場合ではないことが明白だった。

こうした企業の多くが「真に頼りにする銀行」を選ぶ時、重視しているのは貸出金利の低さなどではない。好調な時は、成長のための的確な助言を与え、気づかぬ課題に対して注意を喚起し、そして苦境に陥っても、経営改善に向けて親身になって相談に乗ってくれる銀行だ（それこそが本来、銀行が提供すべき「付加価値」だ）。「晴れの日に傘を差しだし、雨になると傘を取り上げる」と揶揄《やゆ》される銀行など無用なのだ。代替が利かないから今のところ甘んじて利用しているに過ぎない。テクノロジーの進歩次第では、いつ代替しても構わない存在なのだ。

今、事業会社は、付加価値を伴う値上げ戦略を迫られている。にもかかわらず、銀行だけは、付加価値の向上ではなく、「人口増加社会」という基本ソフト（ＯＳ）の上で「低金利貸し出し競争」を続けている。これでは銀行の未来が明るいはずがない。

地域の問題は、「地銀再編」「中小企業再編」さえ進めば解決する、と片づけられがちだ。一見、正しそうに聞こえるが、それも「人口増加社会ＯＳ」の古い発想である。この発想を続ける限り、地域の地盤沈下は止まらない。

「人口減少時代」において、最も重要な課題は「生産性（付加価値）の向上」である。それは銀行や企業の「数を減らす」ことでもたらされるものではない。ゾンビ銀行やゾンビ企業を退治しても地域に変革は起きない。

理由は単純である。改革する気のない銀行同士が一緒になったところで、革新的な改革は起きないからだ。数々の「地銀再編」の歴史が証明している。組織内の権力争いや銀行同士の不毛な消耗戦をやめただけに過ぎない。それは「変革」ではない。

もちろん、最終的に生き残る銀行・企業の数は多くないだろう。しかし、「数が減った」というのは、あくまで「結果」であり、「目的」ではない。ましてや「手段」であるはずがない。

人口減少が進む地域の生産性向上に必要な手段とは、銀行・企業に真の変革をもたらす経営者の数を増やすことだ。銀行の数を減らすための「地銀再編」を手段化（あるいは目的化）してしまうと、付加価値や生産性向上のために変革する意志も能力もない、いわば半ゾンビの銀行や企業を残存させるだけの中途半端な結果を招きかねない。

「優れた経営者の頭数が少ない」と嘆くならば、優れた経営者のいる銀行との連携で変革を促せばいい。連携相手の所在地にも、経営統合や資本提携などの形式や形態にもこだわる必要はない。

金融行政自体、紆余曲折があった。かつては県をまたぐ広域統合を推進して失敗し、その後は県内統合に路線を修正している。独占的な合併を認める独占禁止法の特例法制定もその一環だ。

経営統合・合併する地域金融機関の「看板の掛け替え」や「ホームページの作成」などの費用を国が一部負担する1件当たり最大30億円の資金交付制度も時限的（申請期限2026年3月末）に設けられたが、デジタル時代にそれらは地域にイノベーションをもたらすのだろうか。

デジタル時代に及んでなお、「広域」「県内」「遠隔」にこだわるのもいかがなものか。優先すべき本質は「経営力」である。

必要なのは、企業の課題解決を通じて、地域を活性化させることを持続可能な収益事業として実現できる経営力がある銀行を増やすことだ。銀行だけではない。信用金庫、信用組合も重要かつ有力な担い手である。数が減るかどうかは、なりゆきに任せればよい。

これまでの銀行が続けてきた「返済可能な企業にだけ貸す」「窮境企業の債務者区分を下げないよう『貸せる状態にしておく』のが支援」という人口増加時代の常識に囚われているようでは、人口減少時代の地域を支えられない。「さらに踏み込んで企業や地域のために何ができるのか」が、金融機関に問われている。

事実、人口減少地域においては、地域金融機関にしか果たせない役割がある。

優れた技術力を持つ中小企業でも、財務、人材、情報などの「経営基盤」が脆弱《ぜいじゃく》であることが成長の足枷《あしかせ》になっているケースが多い。こうした課題を解決できる最も有力な組織は、地域金融機関をおいて他にない。

地域においては、サプライチェーンをどう守るのかも課題だ。単体では業績の厳しい企業でも、地域の連関性で見れば、サプライチェーンにとって欠かせない場合もある。

地域の取引業者、雇用、拠点病院、物流、インフラをどう守るのか。ただ、そうした役割を金融機関が担うには、何よりも「人材」が必要となる。組織に変革をもたらす「経営者」が必要であり、企業の課題を解決する「現場の人材」が必要だ。

これが『捨てられる銀行』の先にある本書の問題意識である。そして幸いなことに、いま変革には絶好の好機が到来している。

新型コロナウイルス禍と資源高だ。

「コロナ禍」と「資源高」は、地域が今後も持続可能であるのかという問題について時計の針を進めた。「企業経営者の高齢化」と相俟《あいま》って企業の存続が一気に喫緊の課題となった。脱炭素、電気自動車（ＥＶ）化なども、長らく続いた企業のビジネスモデルを根底から覆そうとしている。未曾有の危機だ。だが、逃れがたい現実は、人と組織が行動変容する絶好のチャンスを意味する。だからこそ、地域金融機関が自らの存在意義を賭けて、地域と企業の問題を「自分事」として解決する存在へと変貌できるかが今こそ試される。本書は絶望ではなく、希望の書である。

とはいえ、人口減少時代に金融機関が生き残る道は、そもそも2つしかない。極力人手をかけず廉価なサービスを提供していく「資本集約型のデジタルバンク」と、地域と企業の課題を解決していく「労働集約型銀行」だ。

規模に限界があり、人口減少地域を地盤とせざるをえない地域金融機関には「労働集約型」の道しか残されていない。顧客と密着した関係性（リレーションシップ）を築き、事業性への深い理解に基づき、顧客の課題に対して、付加価値を伴う解決策を見つけ出す「リレーションシップ・バンキング（リレバン）」というあり方だ。ただ必要なのは、単なるスローガンや精神論の「リレバン」ではなく、付加価値と生産性の向上を経営と結びつけて実現する「リレバン」だ。銀行経営はもっと踏み込んで尖らねばならない。

これまで多くの地域金融機関は、不名誉にも変化に鈍感な「ゆでがえる」と評され、変わることができない存在とみられてきた。どうしたらこうした組織が変わることができるのか。地域金融機関が自ら変わるための、絶好のテーマが「中小企業問題」だ。

何を隠そう、「担保」と「保証」に依存してきた金融機関が最も苦手とするのが、「多種多様な中小企業の課題解決」だったのだから。

これを克服するには、中小企業の「業種別の特性」や「稼ぐポイント」を理解し、解決に向けて行動できる「人材」を育成しなければならない。この難局で鍛え抜かれた「人材」は、必ず付加価値を生みだすバンカーとなり、組織を変える希望となる。

そのためのうってつけの参考資料となるのが、2022年12月に金融庁が公表した「業種別支援の着眼点」だ。

業界のプロだけを対象としたものではなく、金融機関の担当初心者でも「すぐに行動に生かせる知見」が詰まったコンパクトなノウハウ集である。策定の経緯、狙い、内容について関係者に取材し、その解説を巻末に「特別附録」として収録した。

金融機関の企業支援担当者、審査担当者、金融機関への就職志望者、そして事業展開を考える中小企業の関係者は、事業を業種別に整理し、理解するために、ぜひとも積極的に活用してほしい。

中小企業の経営者の平均年齢は70歳に近づきつつある。コロナ禍、資源高への対応とともに事業承継も、もはや問題の先送りはできない。

本書は、地域の未来のために行動する「当事者たち」の話を追っていく。地域が持続可能であるためには、行動する事業者と、企業を「自分事」として支える地域金融機関が欠かせない。地元事業者と金融機関の行動変容なくして、地域再生などありえない。

地域おこしに、「やりました仕事」「その場限りのイベント」「『とにかく頑張ろう』というぼんやりした精神論・抽象論」は必要ない。魔法のような解決策は期待するだけ無駄である。当事者が「自分事」として、目の前と足元の現場に向き合うしかない。

今こそ生まれ変わる千載一遇のチャンスだ。地域金融機関が、地域の「救世主」となるか、地域を衰退させる「疫病神」でしかないのか。遠くない将来、明らかとなる。

地銀と中小企業の運命◎目次

システムは「コストセンター」ではなく「戦略の要」
システムコストが数十分の一に
「人がやるべき仕事」に人を戻すためのクラウド化
自前の開発部隊
退職金廃止のプロ集団
プロジェクトベース
60歳までの出向延長と給与保障
疑心暗鬼は時間の無駄

第11章 ビジネスはコミュニケーションから生まれる

ゆたかなコミュニケーションを実践する京都信用金庫
社内掲示板で現場同士がマッチング
組織の「こり」をほぐす
「自分事」化のプロセスがダイアログ
「ノルマ営業」は「強制労働」と同じ
知性の交流
２０００人の「ダイアログ」
人の時間をつくる仕事「ＢＯＣ」
相続手続きで「感謝の手紙」

第1章　「ゼロゼロ融資40兆円」という時限爆弾

「ゼロゼロ融資」の返済が本格化する

コロナ禍は、移動の自粛と休業要請という公権力が行使され、多くの中小企業を苦境に陥らせた。

国は、中小企業の資金繰り支援策として2020年3月（民間金融機関は5月）から、実質無利子・無担保融資（「ゼロゼロ融資」）を打ち出した。「ゼロゼロ融資」の融資実績は40兆円超にも積み上がった。利払いは3年間なし、元本返済は最大5年間の据え置きとされ、企業が返済困難になった場合、信用保証協会（以下、保証協会）が企業の代わりに金融機関へ100％（一部は80％）返済（代位弁済）する保証付き融資制度だ。

通常、金融機関は、事業計画に基づき、返済財源となる利益見通しを見極めて融資を実行する。しかし、「ゼロゼロ融資」などのコロナ関連融資は、企業がコロナ禍で売上高が減少したことを示すだけで借りることができた。返済見通しは不問とされた。これを「赤字補塡資金」と呼ぶ。平時では、金融機関が融資を渋る資金使途である。つまり、「ゼロゼロ融資」は、国の有事措置として極めて異例な形で始まったのだ。

保証付き融資は、「代位弁済」後も保証協会が回収できない場合、最終的には公的負担となる。平時の保証付き融資は、「代位弁済」時に保証協会が80％を保証し、金融機関が20％を負担する「責任共有制度」が適用される。安易な「代位弁済」は、金融機関にも一定の負担が及ぶため、モラルハザード（倫理観の欠如）を防ぐ効果があるとされる。しかし、「ゼロゼロ融資」は100％保証だ。保証協会が「代位弁済」すれば、全額が保証される。

「ゼロゼロ融資」の1～2割でも回収不能となれば、単純計算で4兆～8兆円が公的負担として跳ね返る。尋常ではない事態であることが分かる。

「ゼロゼロ融資」は、多くの経営者を救い、倒産を抑え込んだ。これは紛れもない事実だが、一部では、「ゼロゼロ融資」の資金を高級車や宝飾品の購入費に充て、従業員にはボーナスすら出さないという「ゾンビ経営者」もいた。

ロシアのウクライナ侵攻、円安進行に伴う資源高も加わり、中小企業経営がダブルパンチで圧迫されるなかで、無利子期間が終わる2023年5月以降、一部返済が始まる。今後、中小企業の倒産が激増する恐れがあり、地域と地域金融は大きな分岐点に差しかかっているのだ。

「資金繰り支援」から「収益力改善支援」へ

もちろん国も、手をこまねいているだけではない。２０２２年３月、コロナ禍が始まって以降、続けてきた「資金繰り支援」から政策の軸足を「収益力改善」に移した「中小企業活性化パッケージ」を取りまとめた。

企業が「収益計画」さえ描くことができれば、借り換えや返済条件の緩和などさまざまな支援策を講じることができるからだ。赤字補填資金という「有事の対応」から、返済原資となる収益を生み出せるようにする「平時の状態」に転換させていくのが狙いである。「活性化パッケージ」には、経営再建が困難な場合に債権カットやＭ＆Ａを行う事業再生、法的整理で倒産した場合には経営者の再チャレンジを支援するなど各種施策が盛り込まれた。それに先立つ２０２１年４月には、金融機関が企業を継続支援することを条件に、優遇された条件で保証を認める「伴走支援型特別保証制度」も開始されている。

しかし、新たな制度ができても、問題の深刻さは増している。それは、地方銀行、信用金庫、信用組合などの地域金融機関による肝心の「企業支援」の取り組みが不十分だからだ。「制度」を変えても、「中身」の変化が伴っていないのである。

事実、中小企業庁が２０２１年７月～９月に行った調査によると、「ゼロゼロ融資」利用後、「金融機関から受けた支援内容」について、「特になし」との回答が全体の35％を占め、最多であった。

ある企業支援の専門家は「地銀が親密なコンサルティング会社ばかりに事業計画を策定させ、コンサルティング会社に支払われたコンサル料から『キックバック』を受け取っている」と明かす。コンサル会社に、「ゼロゼロ融資」の返済が危ぶまれる窮境の企業に対して「事業計画」を策定させ、その費用として支払われる手数料の一部が地銀に吸い上げられるというのだ。

一方、金融庁が２０２１年4月に行った中小企業アンケートでは、「今後金融機関から受けたい支援」として、全体の5割が「取引先・販売先の紹介」を求めていた。多くの企業が「収益力改善支援」を望んでいる。そのような企業に対し、地域金融機関は実効的な支援ができていないのが現状だ。なぜだろうか。

企業支援が「他人事」の地域金融機関

答えは、「他人事」だからだ。「ゼロゼロ融資」は、いざとなれば保証協会に「代位弁済」を求められるため、金融機関の「自前（プロパー）融資」ではない。決して焦げ付かず、利息を確保できる「リスクフリーの融資」だ。各種補助金、助成金、給付金で倒産は抑え込まれ、金融機関にとってコロナ禍は天恵だった。企業としても利払いのある既存の「プロパー融資」の「約定弁済」（期限前に元本を返済すること）を優先させた方がいい。結果、金融機関の「プロパー融資」は返済が進んで、残高は減り続け、代わりに「ゼロゼロ融資」の残高が膨れあがった。企業によっては、最大の借入がゼロゼロ融資となり、借入残高が多いメインバンクが曖昧となった。

１９９８年前後の金融危機、２００８年のリーマン・ショックと、今回のコロナ禍が違うのは、今回は「金融機関の不良債権問題ではない」という点である。融資が焦げ付く恐れのあったかつての2度の危機において、企業支援は金融機関にとって「自分事」であった。

今回は違う。地域において、地域金融機関は融資機能、人材、情報を擁し、最大の企業支援力を発揮できる唯一無二の存在であるにもかかわらず、ゼロゼロ融資で自前の貸出債権を減らした金融機関が「企業支援」に無関心となれば、見捨てられた企業の業況悪化、地域の地盤沈下は避けられない。

「ゼロゼロ融資」によって、今や中小企業の実質的な最大債権者は「国、国民」となった。一方、「企業支援の担い手」であるはずの地域金融機関は「プロパー融資」を減らし、企業支援が「他人事」となりかねない。この「ねじれ構造」にこそ、「ゼロゼロ融資」問題の本質がある。

人口減少時代において、地方での企業消滅が、地域金融機関の存立基盤を危うくさせるのは間違いない。金融機関は目先の業績回復で浮かれている場合ではない。中長期的には、中小企業の問題は地域金融機関にとってブーメランとして戻ってくるのだ。

「数との戦い」

まず、「ゼロゼロ融資」が返済困難となった企業には何が起きるのか。
「中小企業活性化協議会」（中小企業再生支援協議会が２０２２年４月に改組）で、再生計画の策定作業に入るケースが想定される。

協議会で策定された計画に基づき、債権カット（債務免除）が行われた場合、企業は「債務免除益を相殺する損金算入」（会計上は「費用」でないが、税務上は「損金」扱いになること）が認められ、金融機関は「債権の無税償却」ができる税制上のメリットがある。

ただし、税制上の優遇措置を受けるには、精緻な資産デューデリジェンス（ＤＤ、査定）、事業ＤＤが求められる。ところが、ＤＤを行う弁護士、公認会計士、不動産鑑定士に支払う専門家費用は数百万円かかるので、多くの企業は支払えないだろう。なぜなら、窮境企業の多くが、358万社とも言われる中小企業のうち8割以上に当たる305万社の小規模企業だからだ。金融機関が返済猶予しても、捻出できるのはせいぜい年100万円程度だ。

中小企業基本法では、中小企業と小規模企業を業種ごとの資本金の額や従業員数で区分している。従業員20人以下（卸売・小売業、サービス業は5人以下）の事業者は「小規模企業者」だ。イメージをつかみやすくするため、ここでは年商2億円以下、借入金1億円程度、従業員20人以下の事業者を小規模企業とする。

「ゼロゼロ融資」問題の特徴は、大企業、中堅企業、従業員100～300人という「比較的大きめな中小企業」の企業再生とは、まるで異なる。

「1社ごとの債務」は数千万円から1億円前後で、問題は「額」ではない。本当の恐ろしさは、「社数」にある。

コロナ関連の保証協会の保証承諾件数は、2022年1月末までに約195万件、日本政策金融公庫の融資は約97万件だ。仮に返済困難になる企業が1割であっても、20万～30万社である。1社ずつ精緻なDDを行っていくことは、人手を考えると物理的に不可能だ。

協議会の専門家費用だけではない。金融機関の担当者、専門家の対応力を遥かに超える数なのだ。

この構図は感染症としての新型コロナと酷似する。新型コロナの恐ろしさを思い知らされたのは「致死率の高さ」ではなく、「感染率の高さ（感染者数の多さ）」であった。

医療機関は通常診療を制限し、病床数は逼迫《ひっぱく》した。救急車はコロナ患者を受け入れる病院を探して、走り回った。感染者、濃厚接触者の自宅待機による人員減少で鉄道機関やバスの運転手が不足し、交通機関の運行、工場の操業にも支障を来した。思わぬ形でインフラが機能不全に陥る。「数との戦い」に敗れたからだ。中小企業問題も同じ戦いを強いられる。

民間有識者や全国銀行協会が２０２２年３月に策定した「中小企業の事業再生等に関するガイドライン」も焦点だ。

「中小企業の事業再生等に関するガイドライン」は、裁判所に持ち込む法的整理ではなく、債権者である金融機関と債務者である企業との合意に基づいて事業再生を進める手続きだ。元々、２００１年に策定したガイドライン（「私的整理に関するガイドライン」）が存在していたが、これは不良債権処理を加速させるために設けられたもので、中小企業には使い勝手が悪かった。コロナ版の「新ガイドライン」は、再建計画に盛り込む「実質債務超過解消までの年数」を従来の「３年以内をめど」から「５年以内をめど」に延長し、「原則退任」としていた経営者責任を「経営責任の明確化を図る」とした。元本返済を一時的に止めるタイミングも早めた。いずれも企業にとっては、条件が緩和される内容だ。ただ、これらの見直しも「数との戦い」に対し、十分な備えとはいえない。

「ゼロゼロ融資」の「借換保証制度」も同様だ。２０２３年１月から開始された「借換保証制度」は、１００％保証の融資は１００％保証のまま、企業が保証協会に支払う信用保証料を低くおさえるというものだ。企業が策定する「経営行動計画書」に基づき、金融機関が伴走支援する仕組みである。

ただし、「経営行動計画書」に盛り込む収支・返済計画を厳格に適用すれば事務作業はパンクし、借り換えは進まないだろう。逆に、基準が「ざる」になれば、ある金融機関の「ゼロゼロ融資」を別の金融機関が借り換えで奪いにいく「肩替わり争奪戦」が繰り広げられるかもしれない。借り換え自体は、何の解決策でもない。

コロナ後の中小企業支援の問題は、「数との戦い」だと認識を改める必要がある。

第2章　「金融検査マニュアル」が銀行をダメにした

企業支援の足かせ

コロナ禍の遥か以前から、長年にわたって金融機関の足かせとなり、まさに「失われた30年」の元凶となったものがある。「金融検査マニュアル」だ。

これは、２０１９年12月に廃止されたはずだが、いまだ金融機関を縛り続けている。なぜなら、20年にもわたって遵守されてきた「検査マニュアル」が、皮肉にも、企業の「事業」を何も見ようとしない金融機関をすでに大量生産してしまったからだ。これを理解するには、まず「検査マニュアル」が誕生する経緯をおさえる必要がある。

金融監督庁時代から「鬼の検査部長」として恐れられ、金融庁長官も務めた五味《ごみ》廣文《ひろふみ》は「すべての始まりは、１９９６年の銀行法改正で、１９９８年4月に早期是正措置の導入が決まったことだった」と振り返る。

「早期是正措置」とは、銀行の自己資本規制をめぐる国際的なルールに基づき、日本独自に定めた取り決めだ。銀行の自己資本比率の水準が低下した場合、監督当局がその水準に応じて、段階ごとに厳しい是正を迫るものであった。

つまり、「自己資本比率の算出」が極めて重要な問題となり、自己資本比率に大きな影響を与える「不良債権の引当（将来の支出のため資産から差し引くこと）ルール」を早急に整備しなければならなかった。それまでは、一番遅れている銀行に対応を合わせる護送船団行政だったため、「銀行は倒産しない」という神話があり、「引当の会計ルール」など整備されていなかった。

こうして1997年4月に、日本公認会計士協会が「銀行等金融機関の資産の自己査定に係る内部統制の検証並びに貸倒償却及び貸倒引当金の監査に関する実務指針」を公表し、これをベースに「検査マニュアル」が策定された。

策定の過程で、凄まじいドラマがあった。

1998年夏の政府・与党による「金融再生トータルプラン」で、年内までに「検査マニュアル」策定の方針が決まった。8月に有識者による検討会が設置された。

7月の参院選で惨敗した橋本龍太郎内閣は退陣し、小渕恵三内閣が誕生したが、与野党勢力がねじれていた参議院では、民主党の菅直人代表が首班指名されるなど政治は混乱を極めた。小渕は8月20日に住友信託銀行（現三井住友信託銀行）の高橋温《あつし》社長を首相公邸に呼びつけ、日本長期信用銀行との合併を迫るが、高橋から拒絶され、内閣の威信が揺らいでいた。

そうした中、長銀の信用不安は臨界点に達しようとしていた。

「当時、官房長官の野中広務さんが、菅直人さんと合意し、金融再生法を成立させてくれていなければ、日本は本当にどうなっていたことか想像もつきません。長銀を一時国有化（特別公的管理）する根拠法の金融再生法が成立したのが１９９８年10月12日、長銀の破綻は、そのわずか11日後でした。長銀はもう持たない、債務超過であることを我々は検査で十分に分かっていたので、本当にどうなるのか非常に不安でした」と五味は回顧する。

12月には日本債券信用銀行も破綻した。金融は危機に瀕していた。

「検査マニュアル」の策定作業に伴い、米連邦準備制度理事会（ＦＲＢ）の監督マニュアルも五味たちは徹底的に調べ上げた。

「ところが監督、検査の第一項目に『着眼すべき主要カテゴリーは収益力、サステイナブル（持続可能）な収益構造』とあったのです。部下達と頭を抱えました。銀行がいつ潰れるかという状況で、収益力どころではない。調べる暇も意味もないと判断しました」と五味は証言する。

つまり、「検査マニュアル」は国際標準や米国標準などではなく、世界のどこにもない「日本独自の非常時のルール」として生み出されたのだ。

激動の１９９８年は、10月に金融再生法が成立し、12月に「検査マニュアル」の原案が示されて幕を閉じた。こうした金融危機という動乱から「検査マニュアル」は生まれ、翌１９９９年４月に公表、同７月に導入された。

ただし、「検査マニュアル」前から不良債権をあぶり出すための厳しい銀行検査に挑んでいた五味たちにとっては、「マニュアル」はあくまでも「手引書」に過ぎなかった。「検査マニュアル」が神格化されたのは、後年の話だ。

金融機関を縛り続けた「金融検査マニュアル」

金融庁（当時は金融監督庁）が銀行に対して行う「検査の手引書」として導入された「検査マニュアル」の目的は、あくまで不良債権処理にあったが、２０１９年12月に廃止されるまでの20年間、「箸の上げ下ろしまで」口を出し、金融機関の手足を縛ってきた。それだけではない。金融機関と企業の関係を一変させ、金融機関の存在意義や価値を変質させたのだ。これ以降、「企業への目利き」は徐々に失われた。

なかでも「自己査定（別表１）」と「償却・引当（別表２）」が金融機関に決定的な影響を与えた。

この仕組みは、金融再生法で、不良債権の区分が定められたことを受けて整備されたものである。

まず「債務者区分」だ。

各金融機関の基準に基づき、1格から12格という具合に取引先の企業を区分した。1格を最高評価とすると、1～6格あたりが「正常先」、それ以下を「要注意先」「破綻懸念先」「実質破綻先」「破綻先」と区分した。区分の基準は「何年で債務を返済できるのか」という「債務償還年数」である。金融機関ごとに基準は異なるが、一つの目安は以下の通りだ。

「正常先」は、債務償還年数が10年以内。「要注意先」は、10年超から20年以内。

「破綻懸念先」は、20年超。

次に「債権分類」だ。

債権は、「非（Ⅰ）分類」「Ⅱ分類」「Ⅲ分類」「Ⅳ分類」と分類された。そして、この「債権分類」を「債務者区分」に当てはめた。「非（Ⅰ）分類債権」は「正常先」もしくは「要注意先」の一部に割り当てた。「Ⅱ分類」は「要注意先」のうち、リスケジューリングや延滞などの返済猶予を受けた債権、「Ⅲ分類」は「破綻懸念先」、「Ⅳ分類」は「実質破綻先」と「破綻先」にそれぞれ割り当てた。

問題は、割り当てられた後の「貸出債権の引当」であった。

銀行が引当を行うと自己資本は毀損する。自己資本比率が、規制で定められた国際基準行で８％、国内基準行で４％を下回ると、金融庁が「早期是正措置」を発動し、経営に介入する。多くの銀行は、これを避けるため、できるだけ「引当」が生じないよう行動したのだ。

「引当額」は、「過去の倒産・貸倒実績率」に基づいて決められた。つまり、「検査マニュアル」の策定作業を進めていた「１９９８年当時の金融危機、不況が将来も続く」という確率論が用いられたのだ。「正常先」「要注意先」と比べ、もともと「破綻懸念先」以下は、倒産・貸倒が多かった。これを受けて、「担保・保証で保全されていない非保全部分」は、個社ごとの債権で１円単位まで厳格な引当が求められる「個別貸倒引当」方式が適用され、しかも対象期間は通常3年以上と長かったため、「引当額」が一気に膨らんだ。

結果、金融機関は、「破綻懸念先」のことを「ハケに落ちる」と過度に恐れ、「担保・保証」へ極端に依存した融資に逃避した。「企業の事業性」を理解するバンカーは、「絶滅危惧種」となった。この禍根が今も残り、地銀の変革と中小企業支援を困難にしている。

米国と異なる「検査マニュアル」――「債務者」と「債権」

中小企業支援の知見やノウハウがないことは罪ではない。問題は、「学ぶ必要性の自覚すらない銀行員」「学習しない金融機関」を大量に生み出したことだ。

一つのエピソードがある。

２０１８年４月、金融庁は、米連邦準備制度理事会と実務レベルで意見交換をした。そこで金融庁は、日本の「資産査定」「償却・引当」が米国とまったく異なることに初めて気づいたのだ。しかも、「検査マニュアル」が神格化された後の金融庁では、「非常時対応」として導入された経緯については正しく伝承されず、「米国から輸入されたのでは」と誤解する者まででいた。

米国は、日本のような「債務者の格付」ではなく、「債権の格付」を基本としていた。しかも、その格付は、日本のように「引当」と連動する会計上の概念ですらなかった。

米国における「引当」は、「毀損していない債権」「毀損している債権」に分けることから始まる。特に「毀損していない債権」のグループは、８割が「定性要因」で「引当」を判断していた。「定性要因」とは、具体的には「金融機関の融資方針」「外部環境の変化」

「ポートフォリオの質や量の変化」「融資担当者の経験」「資産の質や量の変化」「与信集中の影響」などである。一方、「毀損している債権」は、個別の「債権」ごとに「担保」を評価し、厳格な「償却・引当」が行われる。「引当」には、金融機関の自由度があり、金融当局は定期的に点検する仕組みとなっていた。

つまり、日本は、米国における「毀損している債権」をベースとし、「債権」ではなく、「債務者」ごとに格付をして切り捨てるという世界的に見ても類のないほどに苛烈な「償却・引当ルール」を定めていたのである。

しかも、「毀損していない債権」に関してすら「定性要因」などは考慮せず、ほぼ「過去の確率論」で「引当」を迫った。これでは、業歴の浅いベンチャーにチャンスがないのは当然である。ましてや、過去に失敗した者の再チャレンジなど許されるはずもない。

融資判断を審査担当に丸投げ

米国では「債務者」ではなく、「債権」を見るため、「簿価」ではなく「時価」に関心がある。バンカーは「債権価値」を高めようとする。「債権」の質を見るため、リスクテイクがしやすい。だから収益戦略、ポートフォリオ戦略も練りやすい。

米国の金融機関がリーマン・ショックから急速に回復した理由はここにある。収益力があるからこそ、無配とすれば自己資本が蓄積しやすく、早期に攻勢に転じることが可能なのだ。一方、収益力の低い日本の銀行が輝きを失うのは必然である。

銀行における「審査担当」は本来、「融資の是非」を判断する部署ではない。リスクを測量する担当にすぎない。「審査担当」が計測したリスク量に対して、リスクテイクと収益性を加味し、融資を判断するのが経営の仕事のはずだ。ところが、金融庁検査を極度に恐れた金融機関の経営者は、「融資判断」そのものを「審査担当」に丸投げしてしまった。

１９９０年代初頭のバブル崩壊後は、いつしか「失われた30年」と呼ばれるようになった。企業にはいつも成長を支える金融が必要だ。企業の成長に金融が寄り添うことを否定した「検査マニュアル」が20年間続いたことと「失われた30年」とに因果関係はないのか。「検査マニュアル」の弊害で「担保・保証」に依存した融資になれきった銀行員は、「簿価」でしかビジネスを考えることができない。しかし、実効性ある「企業支援」を金融機関が目指すのであれば、「モノの価格」「時価」に強くなくては話にならない。

コロナ禍では、金融機関による資本性劣後ローンと、ＤＤＳ（デット・デット・スワップ、既存債務を返済順序が劣後する長期債務へ切り替えるスキーム）という資金繰り支援策も講じられた。新規融資を伴う資本性ローンとDDSは、いずれも「資本性支援」と言われる。会計上「資本」とみなされるためだ。

ところが、「資本」に近いのであれば本来、「ローン」よりも重大な関心を「企業」に寄せても良いはずなのに、金融機関の関心は、相変わらず、「企業の事業性」には向いていない。資本性ローン、DDSで「引当済み」となり、返済期限が10〜15年先という「長すぎる時間」が、問題を「他人事」にしているからだ。

「簿価人間」の銀行員

銀行員は、会計上の「簿価」しか考えない「簿価人間」だ。

一般的に銀行が担保とする不動産の「簿価」は、不動産鑑定士が算出する「路線価」をベースに決まっている。「路線価」は、相続税や固定資産税の根拠となるもので、「実勢売買価格」ではない。

業況が悪化した企業の「債務者区分」が「実質破綻先」に落ちた場合、銀行は「早期売却価格」としてすぐさま「担保価格の掛け目（評価率）」を引き下げる。担保の不動産がいくらで売れるのかは、その時になってみないと分からない。どれほどの「路線価」であっても、「時価」で判断される流動性がないのであれば、リスクでしかない。「簿価人間」にはこのことが理解できない。これからコロナ融資の返済で、「企業価値」を見定め、「事業」や「債権」の売り買いが始まるなかで、銀行員が「時価」と向き合わなくてどうするのか。

金融機関では、定期的に担保価格を評価替えする「洗い替え」を行っている。しかし、実際には「決算期にどれくらいの利益水準で着地しなければならないのか」という「社内政治の力学」で、「洗い替え」の数字は決まる。「本来、計測できる数字」が「計測できない意図」によって巧妙に操作されているのだ。要するに、頭取の面目、ライバル行との兼ね合いなどで決められているのである。

「時価」を知っているのは誰か

不動産の「時価」を知っているのは、不動産鑑定士ではない。街の不動産業者だ。

青森県の地銀であるみちのく銀行傘下の「みちのく債権回収」（通称みちのくサービサー）で社長を務め、現在は山口フィナンシャルグループ傘下「にしせと地域共創債権回収」（にしせとサービサー）社長の坂本直樹は、「青森県内56の不動産業者と守秘義務契約を結んでいました。県内のあらゆる不動産の時価情報を入手するためです」という。サービサー（債権回収会社）は不動産、動産を問わず、どのような債権や担保でも時価評価できる能力を持たねばならないからだ。

金融庁地域金融企画室の初代室長を務めた日下《くさか》智晴は、次のように指摘する。

「正確に言うと、銀行は『時価を知らない』というより『時価を知りたくない』のです。もし知ったのならば、額面を下回った部分を即、引当しなければならないからです。その点、検査マニュアルはうまく出来ていました。『時価など知らなくても引当できるルール』だったのです。有価証券（債券）であれば、毎期末に時価評価して、50％以下に下落していると減損処理をします。本来、不動産も同じことをしなければならないはずなのですが、不動産の数が圧倒的に多いので、実務的にできないのです」

「時価評価」するためのサービサー

地方銀行が債権をサービサーに売却すれば「売却損」として、無税償却ができる。ただ、親銀行が１００％子会社のサービサーに債権を売却するのは困難だ。税務当局から「贈与」「飛ばし」とみなされる危険性がある。このため、日本政策投資銀行などの外部資本を入れ、「独立ファンド」を組成した上で、このファンドに債権を買い取らせるスキームを活用することも可能だ。ファンドが買い取った債権の管理・回収を銀行系サービサーが業務受託する形態である。

銀行がサービサーを持つ本質的な意味は、「時価評価の目」を持つことだ。銀行は「簿価」に拘泥する余り、「時価」の可能性に気づかない。自ら企業再生を困難にしている。外資系ファンドでは、保有する債権の価値をどれだけバリューアップさせたかで評価されるが、銀行が債権の価値を高めて売ったところでまったく評価されない。

サービサーは、買取額を「新たな簿価」と再設定して仕切り直す「ゲームチェンジャー」の役割を果たせる。コロナ禍におけるサービサーには、「時価」を評価して買い取る能力だけでなく、その後の「出資判断」「事業再生」の能力を発揮することが求められる。

国が中小企業活性化パッケージで、「中小企業支援のハブ」と位置付けた中小企業活性化協議会は、「金融調整」の場である。

しかし、膨大な社数への対処は困難を極めるだろう。だからこそ、協議会とサービサーが組み、小規模企業の案件をサービサーに任せるのも一つの方策だ。利害が衝突し、進退窮まったのならば、債権を動かすことが重要だ。時計の針を前に進めることができるからだ。

国は２０２２年８月、事業再生に取り組むサービサーと活性化協議会が連携して、サービサーが関与する形で金融調整と再生計画の作成を進める「再生系サービサートライアル」を開始した。

これに連動する形で、中小企業基盤整備機構、山口銀行など山口フィナンシャルグループ傘下の銀行、愛媛銀行などの金融機関が出資する総額30億円の「ちいきみらい創造ファンド」が２０２３年２月に組成された。みらいコンサルティング投資がＧＰ（無限責任組合員）を務め、業務委託として、にしせとサービサーが再生案件の発掘、見極め、管理回収を担う。西日本エリア、東京を対象地域とするという。

債権を買い取って１行取引にすれば、複数の金融機関の間での「金融調整」という時間を節約できる。サービサーに売却すれば、金融機関が執着する「元本（簿価）の呪い」から解き放たれる。新たな融資行動に踏み出すことも可能だ。

「マニュアル廃止」後も地銀の行動様式は変わっていない

過去の確率は未来を保証しない。コロナ前に続いたアベノミクス、世界的な大規模金融緩和による好景気が続かないことが何よりも物語る。コロナ前の倒産・貸倒率が低いからといって、未来も低いとは限らない。「検査マニュアル」は元々、自己矛盾を抱えていたのだ。では、なぜ20年間も「検査マニュアル」が続いたのか。

不良債権処理の残高は、２００２年3月期にピークとなり、以降、減少に転じていた。２００５年4月には、金融機関が破綻した場合、預金全額が守られないペイオフも全面解禁された。これも正常化の象徴だ。しかし、２００８年のリーマン・ショック、その後の返済条件を緩和する中小企業金融円滑法で、不良債権再燃の危機感が拭えず、政策転換に腰が引けた。こうした問題意識を抱え、２０１５年に就任した金融庁の森信親長官が事実上、「検査マニュアル廃止」の道筋をつくった。ところが、検査マニュアルの呪縛は依然解けていない。

「検査マニュアル」に代わる融資管理のスタイルを各金融機関は模索中だ。一部金融機関では、事業性理解や支援の関与度に応じて引当を見直す動きも出ている。ただ、大多数は「検査マニュアル踏襲」という無難な一線から踏み出そうとしていない。

「企業の事業性の理解」や「企業支援」を軽視し、「数字」と「債務者区分」だけでしか企業を見ず、「担保」と「保証」に基づく「付加価値のない低金利貸出競争」に明け暮れているのが実態である。しかし、銀行にとっては、そもそも「リスク」こそ「チャンス」であるはずだ。適度な「リスク」をとってこそ、「収益」を得られるからだ。

金融機関は、従来の体質から脱皮して、行動様式を根本から改めなければならない。そのようにして、「取引先企業の再生や成長」を促さなければ、金融機関みずからも生き残れないからだ。

第3章　「捨てられる銀行」と「生き残る銀行」を分かつもの

創業者の失敗を評価する審査

欧米の地方銀行では、ミドルリスク層を主要顧客としているところは珍しくない。リスクに見合う利ざやを狙えるためだ。

三菱ＵＦＪ銀行が２０２０年８月、イスラエルのフィンテックスタートアップ、リクイディティーキャピタルと折半出資で設立したマーズ・グロース・キャピタルは、人工知能（ＡＩ）審査でスタートアップへの融資を伸ばしている。

用いるデータは、銀行が伝統的な審査で扱う「損益計算書（ＰＬ）」や「貸借対照表（ＢＳ）」という「過去の数字」ではない。「直近１年半の請求書」「月次の定期売上」「顧客獲得・解約状況」や「コスト」などを集中的に分析する。成長性、将来のキャッシュフローを予測するためだ。ＡＩの分析結果も顧客に還元する。

ユニークなのは、「創業者の過去の失敗」をプラス評価として反映する点だ。限られた領域の実務経験よりも、経営者として学びとった経験の方が、成功に寄与する確率が高いからだ。

一方、日本の銀行審査は、「経営の失敗」を減点評価する。失敗からの学びというファクターを考慮しない。「過去」に依存しているからだ。だから、取引先企業のキャッシュフロー（CF）が不足している時に手を引き、潤沢になった時に押し込み融資を試み、営業赤字が3期続くと債権の保全か回収に走る。

こうした減点評価を免れた一部の企業だけに殺到し、金利の低さだけを「売り」に、肩替わり融資を提案する。これが地域金融機関のこれまでの「王道のビジネスモデル」だ。極めて薄利で、付加価値を伴わず、何より未来がない。

「地域金融機関ガチャ」という悲劇

企業もバカではない。金融機関がこれでは無借金経営を目指すのも当然だ。

金融機関側には、極端なリスク回避が、自らの収益力をどれだけ押し下げているかの自覚がない。自らの収益力も原価管理もできない金融機関が、企業支援で「収益力改善と原価管理」に取り組むのは、悪い冗談でしかない。

こうした企業に寄り添わない金融機関しか存在しない地域で、「自分の生まれ故郷だから」「出身地だから」といった理由で起業を試みることは、まさに「地域金融機関ガチャ」という悲劇だ。

起業を志すほとんどの人は、地域や企業に寄り添う金融機関が故郷に存在するのかどうかを知らない。顧客の課題解決に取り組まず、付加価値を提供できない金融機関の融資で起業した場合、何が起きるのかを想像していない。

今回のコロナ禍の中小企業支援で、「ガチャ」の実態が浮かび上がってくるはずだ。

適度なリスクテイクが収益を生む

コロナ禍も相俟って、中小企業、とくに小規模企業と向き合う第二地方銀行、信用金庫、信用組合は、企業支援が主戦場になる。

課題は、企業支援の知見と人材の育成だ。

金融庁は2022年12月、中小企業の「業種別支援の着眼点（試行版）」（詳細については、本書「特別附録」で解説）を公表した。研修や勉強会を通じて、知見やノウハウを吸収し、現場で使える実践力をものにできるかが勝負だ。

とくに信金・信組は、小規模企業の支援で最も活躍が期待される存在だ。付加価値を伴う顧客取引を目指す千載一遇のチャンスでもある。

一方、地域トップ地銀は、むしろ上場銀行としての「収益」「リスクテイク」「自己資本」のバランスを問われる。

いずれにしても、適度なリスクを取らなければ収益は望めない。リスクゼロも、極端なリスクテイクも経営ではない。そのリスクテイクは十分な自己資本があってこそ可能であり、自己資本を顧みないリスクテイクは経営ではない。また自己資本を有効に活用してこそ収益を生み出すことができる。そして生み出した利益は、資本として蓄積される。

この、相互のバランス関係が適切に機能しているかどうかをガバナンスがチェックしていく。地銀経営の目指すべき姿はこれだ。

「債権者ガバナンス」VS「株主ガバナンス」

「収益を得るチャンス」ではなく「金融庁」ばかりを見てきたのが、これまでの銀行だ。

地銀に対し、友好的に企業価値提案を行っていくエンゲージメント型の投資ファンド、ありあけキャピタルの田中克典社長は「地銀が潜在的に秘めている価値を輝かせるには株主ガバナンスの力が必要です」と語る。

「収益」「リスクテイク」「自己資本」のバランスは極めて重要だが、実際には、ほとんどの上場地銀は行動に移さない。ここに田中は鋭く切り込む。

「上場企業の場合、銀行や社債権者が『リスクを取らずに債務を返済せよ』と債権者ガバナンスを企業・経営陣に働かせます。一方、株主は『リスクを取って収益を出し、株価を上げよ。成長がないのであれば、株主還元せよ』という株主ガバナンスを発揮します。この相対するガバナンスにさらされながら、企業経営者は経営を舵取りします。ところが、銀行には銀行法が定める『主要株主規制』があり、銀行株を20％以上取得しようとする場合、金融庁から事前に主要株主として認可を得る必要があるのです。金融庁はどうしても預金者保護の観点から『リスクを取るな』という債権者ガバナンスを働かせてしまいがちになります。結果、主要株主規制で守られ、株主から攻め込まれないと思い込んでいる銀行は金融庁だけを見て、リスクを極力回避する経営を選択してきたのです」

田中の指摘は、「金融検査マニュアル」によって過去の確率だけで融資する企業を選択し、担保と保証で貸出債権を保全し、付加価値提案のない低金利の融資競争で自らの収益力を落としてきた銀行の構図と符合する。

地銀は地域の優秀な人材を抱え、信用力を持ち、各地の企業と密着して歴史ある取引を積み重ねて自己資本を蓄積してきた。しかし、この20年間は、「検査マニュアル」を守り、金融庁の「債権者ガバナンス」だけに従う「リスク回避経営」を続けてきた。収益力の向上を忘れ、リスク回避というぬるま湯につかり、ゆっくりと死んでいたのだ。

SBIという黒船襲来が崩した「神話」

転機は思わぬ形で訪れた。きっかけはＳＢＩホールディングスだ。

ＳＢＩが島根銀行と新生銀行の、さらには家電量販店のノジマがスルガ銀行の主要株主（その後、撤退）として次々に認可されたのだ。「主要株主規制がいかなる株主、投資家からも銀行経営を守ってくれる」という「神話」が音を立てて崩れた。

金融庁は「現行経営陣に任せておくよりもよい経営に資するのであれば、主要株主として認可する」という姿勢を明確に示した。

折しも２０２２年の米利上げによる日米金利差の拡大観測で急激な円安が進み、ただでさえ低迷を続けていた地銀株が外資にとって、一段と割安となった。

ここで動き出したのが「物言う株主」と呼ばれるアクティビストファンドだ。

英投資ファンドの「シルチェスター・インターナショナル・インベスターズ」は、一時、横浜銀行などを傘下とするコンコルディア・フィナンシャルグループ、岩手銀行、滋賀銀行、京都銀行、中国銀行、そして沖縄銀行を傘下に持つおきなわフィナンシャルグループの発行済み株式総数の５％以上を取得した。

また、投資家の村上世彰《よしあき》が関与する投資会社「シティインデックスイレブンス」も相次いで地銀株を取得した。村上は金融庁に出入りしている姿を目撃されている。金融庁幹部に地銀株取得を説明した可能性が濃厚だ。

経営戦略にファンドが助言

ありあけキャピタルは、石川、富山、福井3県を地盤とする北國フィナンシャルホールディングス（ＦＨＤ）と２０２２年4月、中長期経営戦略の助言契約を締結した。

資本効率の改善、経営陣・社員・株主のインセンティブ同一化を示した経営戦略は市場で高く評価され、北國ＦＨＤ株は大幅上昇して、２０２１年10月の持ち株会社化の時点から2倍以上となった。このような地銀は他にない。

資本効率改善策として、北國銀行のシンガポール支店を閉鎖し、資本規制上の国内基準行に転換することで１０２６億円の余剰資本を捻出した。

さらに北國ＦＨＤは、総還元性向（当期純利益に対する配当額と自社株買いの割合）を40%以上とし、地方銀行最高水準の「株価純資産倍率（ＰＢＲ）」１倍超まで自社株買いを行うことを目指している。上場政策保有株（純投資以外の目的で保有する持ち合い株）は原則保有しない方針に転換し、３年で半減させる計画も示した。

また、自己資本利益率（ＲＯＥ）を２年後に５・０％、10年後に８・０％とすることを目指し、ＲＯＥ連動型の報酬制度も導入し、さらに２０２２年10月には「10年後８・０％目標」を前倒しすると表明した。

役員報酬は、50％（従来15％）を業績連動（株式報酬分は退任時までの譲渡制限付き）とした。社長については10年を超えて選任しないと期限も区切った。

さらに従業員（正社員および契約社員が対象）に譲渡制限付き株式付与制度を導入し、モチベーションの向上と、オーナーシップの醸成を目指すとした。

ありあけキャピタルは11月、千葉興業銀行株の５％超を保有していることを大量保有報告書で明らかにし、その後も買い増している。保有目的は「純投資および状況に応じて経営陣への助言、重要提案行為を行うこと」という。

敵対的に増配提案を迫る投資ファンドだけでなく、「経営陣、従業員のモチベーション向上」と「価値向上」を提案する新たなプレーヤーが現れたことは、地銀業界の変化の兆しだ。

「付加価値向上を伴わない再編」を繰り返してきたのが地銀の歴史である。「収益」「リスクテイク」「自己資本」のバランスが機能し、顧客への価値提供を競う「当たり前の上場企業」への変容を地銀は迫られている。

「狩猟型金融」から付加価値を実らせる「農耕型金融」へ

金融に限らず、企業が提供する付加価値は、顧客に対する「お役立ち」の度合いで決まる。

FA（ファクトリー・オートメーション、生産工程の自動化）におけるセンサや測定器など精密機器の製造・販売を手がけるキーエンスは、高収益をたたき出してきた。

その経営理念は「付加価値の創造により、社会に貢献する。今まで世の中になかった、新しい価値を創造することに挑み、商品を通じてお客様の課題を解決する」である。

営業現場から吸い上げてきた顧客の課題を徹底的に分析し、解決していく。「課題解決型営業」こそがキーエンスの強さだ。

地域金融も何も変わらない。人口増加と経済成長の時代に求められた「大規模な資金供給」という役割は終わった。

山形大学大学院（理工学研究科）の小野浩幸教授は、2007年から、県内金融機関の職員を対象に、企業支援に必要な目利き、分析、解決を研修し認定する「産学金連携コーディネータ研修」を続けている。2022年8月時点で研修の総受講生は750人を突破し、2021年度の登録者数は265人。年間最大2000件近い企業相談に応じている。

きっかけは、東北地域の工業出荷額はバブル崩壊後、16兆〜18兆円で安定しているのに、粗付加価値額（出荷額から原材料費を差し引いた額）を工業出荷額で割った「付加価値率」が、下がり続けていることに疑問を抱いたことだった。

「製造業の仕事の質が単純な完成品の組み立て作業など、下請け主体に変化したのでは」との仮説から、「地域金融機関が付加価値を伴う顧客取引をしなくてはならない」と、人材育成に乗り出した。

小野は語る。

「人口減少で持続可能性が問われる時代に必要なのは、闇雲に大規模な資金を貸し出す『狩猟型金融』ではなく、中小企業に付加価値をもたらし、課題解決や生産性向上に取り組む『農耕型金融』です」

金融機関再興の鍵は、顧客への付加価値の提供である「お役立ち」にある。どういう戦略とシステムで、どのようなサービス・商品を提供し、どのように損益管理し、成果や課題のフィードバックを得ながらサービス・商品の改善を続けていくかが問われている。昭和モデルから脱し、人口減少時代に必要な「質と付加価値」を追求する持続可能モデルへ転換することが必要だ。

第4章　「経営改善計画」をどう作成・実行するか

「経営改善計画」とは？

企業支援の現場で重要なのは「経営改善計画」の策定だ。業界に詳しい外部専門家が策定するケースもあるが、丸投げでは当事者が肝心の内容を理解しないまま事態が進んでしまう。「専門家」でさえ、個別企業の現実とはかけ離れた計画を策定する場合もある。丸投げは禁物だ。

金融機関に期待されるのは、金融機関の「特性」「強み」を最大限に発揮することだ。北門《ほくもん》信用金庫（北海道滝川市）の企業支援室長、伊藤貢作によれば、それは「問題・課題の整理・調整力」だという。

企業と金融機関の企業支援担当者が協力して、「ビジネスモデルの俯瞰図」を作成する。どこからどれくらいの仕事をもらい、どう流れていくのか。「大口取引先の割合」「仕事の役割分担」「担当者人数」などは、現実的に目指すことのできる「売上」「利益」のベースとなる。

次に重要となるのが、「キーパーソン、現場へのヒアリング」である。肌感覚で「今年の見通し」「前年との対比」をどう捉えているのかは、先を読む上で、貴重な情報だ。

その上で取りかかるのが「試算」だが、ヒアリング結果に基づき、大まかな傾向をつかめれば十分だ。「経費」は、前年並みの仮置きでも構わない。「このままで進んだ場合」と、「改善策を講じた場合」に見えてくる現実的な数字を試算するのである。

試算結果が現実離れしている場合、「試算」と「ビジネス俯瞰図」を見比べて、協議が必要だ。不足する場合でも、無理な「一本足打法」で挽回しようとせず、ヒアリングを繰り返して、「売上」「経費」「利益率」のバランスを考慮して、目指す数値を固めていく。試算に基づき、人手、仕入れ、売上、利益の「過不足」を検討し、合意が得られれば、計画の「組み上げ作業」に進む。

計画は、改善策を講じた上で、無理なく回り続けるものでなければならない。「金融機関への返済計画」に「会社の計画」を合わせるのは最悪だ。離職者、現場の反発を招きかねない。

あれこれと、重箱の隅をつつくだけの余計な口出しをしてくる金融機関に対しては優先的に返済し、退出させる覚悟も必要だ。まともに相手をしていては時間の無駄だからだ。

企業経営者の「腹落ち」

「経営改善計画」の最も重要なポイントは、「企業経営者が自らの言葉で計画を説明できるところまで腹落ちしているかどうか」である。なぜならば、「経営改善」とは、「経営者と従業員の行動変容そのもの」だからだ。行動変容につながらない計画は無意味だ。金融機関の思いが先走り、経営者の腹落ちを置き去りにした計画からは、行動変容は起きない。読み合わせなどで、会社の全幹部が計画を共有しなければならない。

「家族経営」に近い小規模企業の場合、「本業の損益」だけでなく、「事業者の住宅ローン」「子供への仕送り」など「家計収支」も考慮した計画にすべきだ。金融機関が怖くて、「家計収支」を無視した計画となってしまうと失敗の原因になりかねない。

計画とは、企業活動、具体的には一人一人の従業員から経営者まですべての関係者の活動の積み上げに他ならない。だからこそ「あるべき姿」「未来構想」ではなく、「曜日・時間ごとの売上」「原価」「費用」をどう見込んでいるのかといった、できるだけ具体的な目算に基づくものが望ましい。

「作業の手間」を数値化したものを「歩掛《ぶがかり》」と呼ぶ。

たとえば、ある作業を1人で行うのに2時間要した場合、1日（8時間労働）の作業人《にん》工《く》は、（1人×2時間）÷8時間＝0・25となる。公共事業の歩掛は、国土交通省のホームページ「公共建築工事標準単価積算基準」で材料、大きさ・量ごとに示されている。「工事費の積算」の参考とするためだ。

建設業以外でも商材種別、時間ごとの単位（歩掛）で示した計画は、現場で働く従業員にとって分かりやすい目標となる。従業員が理解できる言葉に変換するのだ。

現実的な計画から導かれる「余力」が「返済」に充てられるべきである。簡易キャッシュフローのすべてを返済に充てるような、「返済ありきの計画」は禁物だ。「事業継続に最低限必要な継続的な設備投資」「突発的な事態に必要な資金」も確保しておかなければならない。

抜本再生――DDS、債権放棄

「劣後ローン」や「債権放棄」を伴う「抜本再生」では、血を流す金融機関の論理も無視できない。

金融機関は、経営状況から追加融資には応じられないものの、事業価値が十分ある場合は、既存債務を「劣後ローン」に切り替えること（DDS、デット・デット・スワップ）

を検討すべきだ。これによって、企業は当面の返済負担が軽減され、事業維持に必要な設備投資キャッシュフローを確保でき、実質返済原資のめどが立つのであれば、事業を継続できる。

金融機関にはＤＤＳ分の「引当」が必要となるが、ＤＤＳ分を会計上、「資本」と見なせるため、債務者区分を「破綻懸念先」に引き下げず「要注意先」に維持できる。

ＤＤＳは、メインバンクが明確な支援姿勢を打ち出す場合に活用される。役員報酬の削減は求めるが、企業経営者の交代まで迫ることはない。メインバンクが支える姿勢を示せば、その他の取引金融機関でも安心感が広がる。

既存債務を株式に転換する「ＤＥＳ（デット・エクイティ・スワップ、債務の株式化）」という手法もある。ただし、多くの小規模企業には現実的に活用が難しいだろう。企業の債務免除益を相殺するタックスプランニング、さらに発行株数を決める必要があるが、その作業を担う顧問税理士がいない場合が多いからだ。

「債権放棄（債権カット）」は、事業価値はあるものの債務超過で、破綻時に金融機関が回収できる清算配当よりも、債権放棄後により多く返済を受けられる見通しがある場合に行われる。

債権カットは、スポンサーの傘下に入って再生を目指す場合が多く、経営責任を問われるのが一般的だ。会社の資産のうち不要な資産は清算会社に移して「特別清算」とし、良質な資産は新たな「第二会社」に移す「第二会社方式」というスキームが通例である。

需要の見通しが立たず、経営者の事業継続意欲が失せ、事業承継を志す第三者も不在の場合は、「廃業」に進むことになる。

企業支援者を育てるには

「金融機関として企業支援者を育成するには、まず現場に人を派遣し、中小企業の資金繰り表を自分でつくるところから始めるべきだ」と北門信金の伊藤は指摘する。「資金繰り表」は、「取引関係」「仕入れ」「支払い」「工場や人の動き」を調査しなければ、到底つくれるものではないからだ。資金繰りをどこまで見通せるかも分かる。

企業支援のプロを志すのなら、外部の企業支援実務家との情報交換、勉強会、セミナーなどにも積極的に参加すべきだ。ネットワークで学びあった方が学習効果は高い。成否を分かつのは、個人の能力以上に、困った時に手助けしてくれる仲間なのだ。

以下は、伊藤の考える「企業支援のコミュニケーション」の鉄則である。

①「相手の話」から出ない話法

「要はこうですね、つまりこういうことですね」などと相手の話を打ち切らないことだ。経営者自ら「自分が繰り返してきた経験の話」（たとえば、「条件は悪いが大手との取引はやめられない」といった状況）から出なければ、行動変容はありえないからだ。企業支援者が会社を救うのではない。会社を蘇らせるのは、あくまで当事者の経営者と従業員である。企業支援者が担うべきは、経営者が「自分の話」が時代や状況に通用しないことをみずから認め、前に踏み出すのを傾聴する「壁打ち相手」である。

②「正解」を持っていかない

企業支援者は、スーパーマンや伝説の軍師のような存在ではない。奇想天外な秘策を繰り出すのが役目ではない。遊休不動産を売った方が「正解」か、売らずに別の事業に転用した方が「正解」かは誰にも分からない。選択しなかった道が正しかったかもしれない。この謙虚な内省こそ、企業支援者の思考を深めていく。

③相手の「視野」を想像する力

「社長はバカだ。思いが足りない。向上心がない」と決めつける人間は、企業支援者としての資質に欠けている。相手の立場になって、実際動いてみれば分かる。資金繰りの恐怖、金融機関の口出し、取引先との関係性、現場から上がってくる不満、家族を守らなければならない切迫感にのみこまれているのが経営者だ。こうした経営者、従業員が実現可能な計画にしなければ意味がない。

震災支援で活躍した真のバンカーたち

有事の中小企業支援を考える上で、参考になるのが「東日本大震災事業者再生支援機構」である。支援した事業者の4分の3を黒字化（一時的な分も含め）に導いた。

日本政策投資銀行の推計では、震災は、岩手、宮城、福島、茨城の4県だけで計16兆3000億円強の経済的被害（産業設備などの資本ストックの毀損）をもたらした。津波と地震は、行方不明、関連死を含め2万2000人もの命を奪った。広範囲で工場、事務所、店舗、関連設備を破壊し、さらに福島第一原発事故は、大量の避難者を生み出した。

サプライチェーンが寸断され、地域の商圏・事業基盤が失われたところもある。

国はまず、被災した地域の金融機関に公的資金を資本注入して金融システムの安定に全力を注いだ。しかし、課題となったのが「二重ローン問題」であった。復旧、復興には新たな借り入れが必要となるが、既存債務に加え、新たな借金の返済負担に被災事業者は耐えられない。事業再生計画を策定できる事業者には、「債務の一部免除（債権放棄）」を行うスキームが必要であった。

震災の場合、まず時間との戦いであった。時間が経過すれば、経営者の心が折れ、将来に絶望した従業員は退職してしまう。高い技量を持つ人材が消えれば、代わりの人材は簡単には見つからない。さらに地域経済に存在する、事業者同士が支え合うネットワークが崩れることを防がねばならなかった。

我らは殿軍

東日本大震災事業者再生支援機構のトップに就任したのは、池田憲人《のりと》（現ゆうちょ銀行社長）であった。横浜銀行出身で、経営破綻で一時国有化された足利銀行を再建に導いた異色のバンカーだ。

破綻後の足利銀行時代は、靴底を擦り減らして「取引先に足を運ぶバンカーの原点」に立ち戻るよう組織を牽引《けんいん》し、経営を立て直した。

商工中金出身で、商工中金カード社長から支援機構専務に就いた荒波辰也は、池田の言葉を鮮明に記憶している。池田は着任早々、3つの運営方針を示した。

①「個人事業者、小規模零細事業者の再生、生業《なりわい》に目を向けろ」

②「我らは殿軍《しんがり》である」

③「事業者が主役、機構は伴走支援に集中を」

池田は、事業者支援における「経済合理性」の議論をひとまず封印した。再建がコストに見合うかどうかを不問としたのだ。

「池田さんは『誰もやったことがない戦いをやる』という気概を持たれているのだな」と荒波は感じた。池田は支援機構の会議室に掛け軸を掲げた。

「殿軍」

力強い筆致に池田の覚悟が読み取れた。

殿軍とは、撤退戦で死を賭して敵の追撃を防ぐ、最も危険な最後尾で戦う部隊だ。全滅しても不思議ではない。事業者支援における「殿軍」とは、最も厳しく、最も批判に晒されやすい役回りを敢えて担うということを意味した。

すでに支援を断られた被災事業者と向き合う以上、「我らは殿軍なのだ」という覚悟を共有しなければならなかった。池田は、殿軍の真意をこう語った。

「殿軍とは最後の支援窓口だ。だから事業計画をつくる時に『できません』ではなくて、『なんとかして15年以内で支援をまとめられるように工夫の限りを尽くします』という姿勢で臨まなければならない」

池田は、経営破綻し、一時国有化された足利銀行の再建などの修羅場をくぐって、非常事態において何を優先すべきかを体で覚えているのだ。

それは「再生の意志をくじかない」ということだ。津波で店舗や職場、家族まで奪われた経営者に必要な支援は、「平時の論理」を持ち出し、業績、数字で理詰めに対応することではない。「まだやれる」「やりなおせる」と、心に灯をともすことだ。

「必ずなんとかする人間」

真のバンカーとは「貸せる／貸せない」を判定する者ではない。どのような状況でも、信念に基づき、組織の戦略を実現するため、知恵の限りを振り絞り、研鑽と努力を惜しまず、「必ずなんとかする人間」である。

支援機構を殿軍たらしめたのは、自らの銀行員人生を賭け、身を投じた一人一人の真のバンカーたちだ。

地方銀行、第二地銀からは、延べ41人が出向した。出向期間は2年で、地銀7行、第二地銀1行から出向者を受け入れている。設立から現在まで、計36行が人手を割いて、機構に送り込んできた。この中には、機構設立時から合計4人を入れ替わり派遣し続けた地銀もある。メガバンク3行も2人ずつを派遣し、出向者は延べ24人に及ぶ。

被災地での支援業務に長期間従事するため、年収ダウンを承知で支援機構に移り、プロパー職員となったバンカーもいた。日本政策投資銀行・農林中金・信託銀行・サービサー等も出向者を派遣した。

こうしたバンカーたちが、整理回収機構出身者、事業再生専門家（弁護士、公認会計士、中小企業再生支援協議会、ファンド出身者）らと組んで、復興のために奮闘し続けた。まだ釘や鉄くずが散乱する被災地の危険な道路をバンカーたちは自動車で慎重に進み、丹念に地域をまわった。地域で開催した事業者向け説明会は、延べ二千数百回にも及ぶ。

事業者の思いを受け止め、事業計画に落とし込み、銀行が融資に応じられるギリギリの線で一つ一つ支援策を取りまとめた。

２０２１年1月末時点での相談受付先数は、２９３９（累計、以下同）、支援決定先数は７４４、買い取り債権は１３２３億円だ。

支援を決定した事業者のうち５２５社に６６０億円の債務免除を決め、支援から５年以上経過した事業者のうち、営業損益が黒字に転換した事業者は、一時的なものも含め４分の３程に達した。

支援した７４４社のうち、従業員10人以下の小規模事業者は４２３社で、全体の約６割を占めた。１００人以下の中規模事業者が３０１社で、小・中規模だけで全体の９割超を占める。

心に灯をともした「入口での債務免除」

支援機構は、どうやって小規模事業者の支援に挑んだのか。ポイントは２つ。いずれも行動変容を起こしたことだ。これが、コロナ禍の「ゼロゼロ融資」問題の解決のヒントになる。

まずは、「債務免除の方法」だ。

支援機構は、入口段階での債務免除を決めた。必要と判断した事業者数は、支援決定先の７割に及んでいる。

「事業再生計画をつくるのに、どれだけの債務免除が必要なのか」

事業者の債務負担を当初から軽くし、過剰債務を解消した。これにより、支援開始後も金融機関から追加資金を借りやすくした。事業者、金融機関と腹を割って話し合い、事業を立て直す向こう15年間で返済できる資金を見極め、残りを思い切って債務免除とした。将来、事業者が返済困難に陥った場合でも、銀行がリファイナンスを検討するという努力目標を盛り込んだケースもあった。

金融機関にとっても、入口段階で債務免除を決定する方がメリットは大きかった。

また、事業者の財務内容が著しく毀損していない場合は、返済期間を長期化し、買取債権の返済を劣後させる「資本性ローン」として返済負担の軽減措置を講じた。

支援機構が支援実績を上げられたのは、債権者である金融機関の行動変容に成功したからだ。債権売却で出血を迫られる金融機関に受け入れられやすい現実的な選択肢である「支援入口での債務免除」というカードを切ったことが成功の鍵だった。政策や方策は「相手の行動変容」を伴ってこそ意味をもつ。そしてそれは常に「自分事」の決断だ。

時間を味方につけるスタートダッシュ

支援機構の成功のもう一つの要因は、スタートダッシュで時間を味方につけたことだ。

支援先744社のうち最初の3年間だけで、約78%に及ぶ579社（2015年3月末時点）の支援を決定した。

時間の経過と共に、事業者の周辺環境、経営者の心情も変わる。震災後の借入金も増える。「二重ローン」対策として設立された機構は、震災後に発生した債権を買い取ることは原則としてできない。時間の経過こそが、再生を困難にする懸念要因であった。

もし、震災後に借入金が増えてしまえば、支援機構にできることは、金融機関に返済猶予と新規貸出をお願いすることくらいしかない。

危機に際しては、初動が決め手となる。たとえ状況が流動的で、対策の効果が十分に検証できずとも、走りながら改善していく「アジャイルアプローチ」の方が有効だ。

支援機構は、初動からスタッフが奔走したからこそ、現場の実践知や課題を共有でき、改善を急ぎ、支援に厚みを持たせることができた。

支援機構は、入口での債権カットで、自ら身を切る姿勢を示すことで、金融機関の腰を上げさせた。同時に時間を味方につけて、事業者の再建に挑む心を奮い立たせた。他者を行動変容させたければ、「自分事」で問題解決に臨まなければならない。

第5章　「自分事」の企業支援

「誠実でなければ、人を動かすことはできない。人を感動させるには、自分が心の底から感動しなければならない。自分が涙を流さなければ、人の涙を誘うことはできない。自分が信じなければ、人を信じさせることはできない」（ウィンストン・チャーチル）

小淵沢の駅弁屋――丸政

小淵沢は、東京・新宿から特急「あずさ」に乗って2時間弱、山梨県の八ケ岳南麓にある。

中央本線小淵沢駅に隣接する食品メーカーが、1918（大正7）年創業の丸政だ。

創業者は名取政一。当初は、小淵沢駅から2つ松本寄り、長野県の富士見駅の前で、瀬戸物や炭を販売していた。

富士見駅の標高は955・2メートル。中央本線では、最も高い場所にある駅だ。蒸気機関車（SL）の時代は、運行に給水、石炭の補給が欠かせず、いきおい停車時間が長くなった。政一の商売にとって追い風となった。しかし、機関車の改良により、給水が廃止され、今度は停車時間がなくなると、商売が行き詰まった。

政一は駅構内で、すずらん餅、そばまんじゅう、パン、せんべいなどを販売するようになったが、１９２９（昭和４）年、富士見駅付近で大火が起こり、店舗、家屋もろとも焼失してしまった。

ちょうどその頃、八ケ岳を東から回り込み、佐久平、浅間山に抜ける小海線が小淵沢駅から分岐する計画を知り、同年、思い切って小淵沢駅に拠点を移した。弁当事業を本格的に開始したのは、１９４４年のことであった。

駅弁は弁当にあらず

駅弁屋は「駅弁」にこだわる。

「駅弁は、総菜や作りたての弁当とは全然違う食品なんです」と、４代目の政義は、普通の弁当と「駅弁」は異なる商品であると話す。

「弁当はホカホカがおいしい」が常識であるが、冷えてもおいしくなければ駅弁ではない。列車でしばらく移動してから、客が手を伸ばすのが駅弁だ。冷えた状態で食べることを想定し、あらかじめ具材から、味付け、彩りの変化、組み合わせに至るまで考え抜かれている。

こうした制約条件下で、丸政は試行錯誤を重ねてきた。１９７０年に発売した「高原野菜とカツの弁当」がそれである。

3代目政仁が「八ケ岳の高原野菜を使うことはできないか」と考案した駅弁だった。新鮮でシャキシャキしたレタスの食感をそのままに、苦心の末に完成した。厳重な鮮度管理が求められる。カツは豚肉を使わず、敢えてのチキン。豚肉は時間が経過すると、油が浮き、肉も硬くなるためである。

「元気甲斐」

ユニークな語呂合わせの駅弁「元気甲斐」は、1985年、テレビ朝日の番組「愛川欽也の探検レストラン」の企画から生まれた。経木折詰の二段重ね。東京「吉左右」、京都「菊乃井」という東西人気料亭の味を合作したロングセラー商品だ。

一の重（胡桃御飯、蓮根の金平、山女の甲州煮、蕗と椎茸と人参の旨煮、蒟蒻《こんにゃく》の味噌煮、カリフラワーのレモン酢漬、ぜんまいと揚げのごまあえ、セロリの粕漬）、二の重（栗としめじのおこわ、鶏の柚子味噌あえ、わかさぎの南蛮漬け、山牛蒡の味噌漬け、アスパラの豚肉巻、沢庵）からなる。

食材の特長を活かした酢のもの、漬けもの、あえもの、煮物、それぞれの味わいを楽しみながら、胡桃のコリコリした食感でご飯がすすむ。

発売当初、人口５０００人の町に３０００人が買いに来る、という人気ぶりであった。しかし、列車の高速化、ローカル線廃止、後継者不足という構造問題から駅弁の売上は下降し、全国の駅弁屋は次々に姿を消した。

駅弁屋でつくる業界団体、日本鉄道構内営業中央会によれば、１９６０年代には４００社を超えていた駅弁業者は、現在は80社余りに数を減らした。移動時間の短縮は、乗客に、「現地に着いてからの食事」という選択肢をもたらしたのだ。

国鉄が民営化し、ＪＲ傘下の日本レストランエンタプライズ（ＮＲＥ、現ＪＲ東日本フーズ）が車内弁当販売に参入してきたことも駅弁屋にとって逆風となった。丸政は、ホテル、レストラン事業、蕎麦屋と多角化したが、経営は低迷を続けた。

「こんなのが大盛りかよ」

政義は、１９９８年、大学卒業後、大手チェーンのファミレスで働いた。

当時、このチェーンは、年間１２０店を出店する勢いだった。洗い場からエリアマネージャーまで、一通り経験した。しかし、ある時、チェーンビジネスの限界を突き付けられた。

「こんなのがご飯の大盛りかよ」

お米の王国、新潟県長岡市の店舗で店長を務めていた政義は、子供が「ご飯大盛り」と銘打ったメニューに文句をつけているのを耳にした。その通りであった。本部は、顧客の要望ではなく、マニュアル通りの盛り付けを求めていた。

子供に腹一杯の大盛りご飯を食べさせることさえ、チェーンではできない。もどかしい思いを抱えながら、2002年6月、政義はバーミヤンを退社し、丸政に戻った。

「ぼんやり」と良いものをつくる

大手外食チェーンにいたことは無駄ではなかった。政義は丸政に入ってすぐに気づいた。「何もかもが遅れていると思いました。中小企業独特の古さというのでしょうか。このまま客層と一緒に年をとっていくような感覚です。『これはまずいな』と思いました」

人口減少で乗客は減っていく。車内販売も縮小は避けられない。駅にしがみついて売り続けている限り、丸政にできることは、経費削減だけであった。

当時の丸政は、徹底的に駅弁の完成度にこだわっていた。食材は流用せず、良いものをつくれば何とかなると信じてつくりつづけた。しかし、「その『良いもの』を買っていただける客層はどこにいるのか」という問いに対する答えは、持ち合わせていなかった。いかにこだわり抜いた弁当でも地元の顧客に高く売れるわけではない。一体、誰に対して、何をつくっているのか。「何もかもが『ぼんやり』していました」と政義は語る。

従業員一同、手を抜いているわけではない。朝から晩まで、くたくたになるまで働いているが、一向に報われない。こうした中小企業は数多くある。

思わぬ赤字発覚と債務超過

ある時、3代目政仁が突然、引退を宣言した。65歳の引き際であった。

「策はない。全部任せる」

それだけを政義は告げられた。準備らしい準備もないまま4代目社長に昇格したのだ。35歳の政義のところへすぐに飛んできたのは、メインバンクの山梨中央銀行の担当者だった。

「経営は大丈夫なのか」と、あれやこれやと口を出すようになった。政義の手腕を心配しているのだ。

かろうじて赤字にはなっていなかった。しかし、売掛金はゼロ。これはおかしい。取引状況からして３０００万円ほどあるはずであった。政義の直感だ。

改めて財務データを洗い直した。すると、実際は５０００万円もの赤字であった。債務超過である。「これでは貸せない」と銀行は一気に態度を硬化させた。預金も底を尽きかけていた。

「絶対に潰すわけにはいかない」——山梨中央銀行小淵沢支店

「遊んでいるんじゃなくて、一生懸命、頑張ってるちゅうことはよう分かったよ」

ざっくばらんな甲州弁である。

山梨中央銀行小淵沢支店長の小嶋俊学がやってきて、丸政の経営、財務状況を検討した上で、こう切り出した。そして経営改善に向けて、いろいろ指摘をされたが、むしろ「銀行としても、丸政を絶対に潰すわけにはいかないんだ」と考えてくれている——。そう政義には感じられた。

「経営がどうなっているのか分からねえなら、部門別に売上を分けりゃいいんだ。そうすれば良い、悪いが分かるようになるじゃねえか」

丸政は、事業多角化で、甲府駅前などに蕎麦屋も出店していた。小嶋の指摘はもっともだ。

「製造業なら、こうあるべきだろ」と、小嶋は事あるごとに指摘した。たとえば、利益率が11〜12％程度なければ設備投資はできない。駅弁屋である前に「製造業」であるはず。いずれも「分からないことを分かるようにすべきだ」という、経営者にとって最も大切なことを小嶋は教えてくれた。

駅弁を深夜につくり、翌朝から売ることを当たり前としてきた。消費期限を少しでも延ばすためだ。しかし、小嶋は「オレなら夜中は働きたくねえよな」ともアドバイスしてきた。生産性向上のため、夜中の作業は思い切って中止した。

政義は、当時、山梨県信用保証協会の有野文明（現在は退職し、トラストコンサルティング代表）にも相談していた。

ビジネスマッチングフェアで知り合った有野との縁にも頼ったのだ。山梨の保証協会も相談に入って、バンクミーティングを開き、どうにか「経営再建計画」の策定にこぎつけた。

「社長は外に出ないとダメだろ」

「商品をキレイに並べすぎだなあ。多少デコボコしているくらいの方がお客さんは手に取りやすいんじゃねえかあ」

小嶋の後任の支店長としてやってきた佐野利雄は、２０１７年7月、小淵沢駅にオープンした丸政の店舗で、甲州弁で政義に話し始めた。銀行員であるのに、商品の陳列にやけに詳しかった。後に分かったことだが、中小企業診断士の資格を持っていたからだ。佐野は、丸政の再建計画に目を通して言った。

「6億３０００万円の売上を8億円にするちゅうのは、もの凄え大変だぞ」

佐野に対して政義は、こう恩義を感じている。

「工場に足を踏み入れ、私たちが気づかない課題を初めて指摘してくれた支店長さんでした。丸政がどうすれば良いのかを、銀行としてではなく、『自分事』として考え抜いてくれた方です。とにかく熱い、ハイ・ボルテージな人です」

それまで政義は、会計事務所から「社長は外に出てはいけません。社員を監視して、社内の管理をちゃんとやるのが社長です」と、常々注意されていた。言葉通り、政義が一日中、社内にいると、佐野が、それに気づいて指摘してきた。

「なんでこんなところにいるの。社長は外に出ないとダメだろ。人脈をつくるのは社長にしかできない仕事なんだからさ。社長が外に出られるような生産現場をつくらなきゃ」

真逆である。必死に外を走り回れ――。政義は、佐野に尻を叩かれた。

ストップウォッチを握る男

ある早朝、佐野は工場に現れた。

従業員用の白衣の作業着に身を包み、キャップ、マスク、念入りに洗った手にぴったりと密着する作業用手袋を着用しての異様な出で立ちである。その手にはなぜかストップウォッチが握られていた。銀行の支店長が一体何をしようというのか――。従業員も怪訝な表情を浮かべていた。

工場が動き出すと、佐野は生産ラインごとのリードタイム（作業時間）を計測し始めた。

「遅い！　ここは詰める食材の順番を変えて！」

「違う！　ここでは片手ではなく、両手で2つの食材をつかんで同時に盛り付けて！　作業時間を短縮することを意識するんだ！」

各作業工程のリードタイムがバラバラであった。ご飯をよそい、具材をつかんで、弁当ケースに詰める作業で、5秒、2秒、8秒と、工程ごとにバラバラだと、8秒かかる作業のところで交通渋滞のように流れが滞る。生産性が悪化するのだ。

佐野の指示で、ストップウォッチを購入し、従業員の写真を撮り、一人一人の工程を緻密に「見える化」した。8秒かかる作業には、人員を追加し、各工程で同じ作業時間となるように工夫した。

たとえば、牛肉をご飯の上に並べる場合、計量して、ご飯の上に置き、ご飯が牛肉で隠れるように広げる作業を1人で行うと、どうしても時間がかかる。

それまでは現場が「今日は4人だから、4人で流しましょう」「5人だから5人で」という具合に、人手の数に応じて感覚的に作業を流していた。これでは納期までにどれだけの注文を受けて良いのか、営業サイドも分からなかった。

当時の最大生産能力は1日あたり6000個であったが、佐野の改善指導の結果、1万8000個、つまり生産能力は3倍に向上した。商品ごとの作業時間が分かり、どれだけの注文を受けて良いのかも分かるようになった。

さらに生産現場のすべてを「見える化」することで、従業員みずからが、作業時間、安全性、ロスを減らす効率化などの問題を放置せず、解決するようになったのである。

「時間」を捻出する

これまでは、「売上」が上がると「変動費」（売上に比例して増減する経費）が増えることは当たり前だと政義は考えていた。しかし、佐野は「その『常識』に囚われるな。アイデアなくして経営はできない。だが、アイデアがないのが問題なのではなく、それを実現させる時間を捻出できないことが問題なんだ」とも教えた。

「できるだけ変動費をつかわずに売上を増やすことを考えなきゃダメだ。限界利益を上げることに重点をおくんだ」

「売上高」から「変動費」を差し引いたのが「限界利益」だ。売上高に占める「限界利益率」を算出すれば、どれくらいの商品を売ると利益が出るのか、あるいは、売れば売るほど赤字が拡大するのか、現状の実力でどれくらいの利益を出せるのかが分かる。「限界利益率」を高めるためには、①「販売数量を増やす」、②「単価を引き上げる」、③「変動費を下げる」ことが必要となる。

佐野は、「単価アップ」につながる商品ラインナップ、グレードアップのアイデアを考えるよう政義に求めた。

「経営者は、自分はどうしたいのか、それが分からないとダメ。漫然とやるのは間違いなんだ」

「毎月のゴール」「毎年のゴール」「3年後のゴール」を明確に決めるように言われた。どういう目標に向かって、今どのあたりを走っているのか、進捗状況はどうなのか。「時間」を経営者が頭の中で理解していないとダメだ、と佐野は念押しした。

佐野の助言を受けることで、1万8000個の弁当を製造するのに3日かかっていたのが、1日で可能になった。効果はすぐに現れた。売上は、当初計画の8億円どころか10億円、キャッシュフローは5000万円を目指せる状況になってきた。

「生産計画」と「工程管理」は別の担当者に

丸政は変わり始めた。

「試算表」を社員で共有するようになった。今、どれだけ稼いでいるのか、ボーナスは増えるのか。12人の全社員が、それを分かって働いている。「社長は数年後」「幹部は1年後」「社員は3カ月後」を考えて行動するようになった。

「部分は全体につながっているんですよ」と、政義は言う。

たとえば、決算項目に年間１０００万円の環境衛生費があった。ゴミ処理代である。ゴミを出すのにもお金がかかる。そのお金は捨てているのと同じだ。こうした経費が積もり積もって経営を圧迫し、社員のボーナスにも響く。今、そのことを社員は理解して働いている。

佐野は「単なる数字の改善」ではなく、それによって「丸政の企業活動、社員の思考がどう変わるのか」を一体として考え抜いた。

「粗利は最後の最後に手を付けるものだ。粗利をいじるということは、つくるもの自体を変えることになる。つまり、取引先の社長をいじる（調達先を変える）ことで『味が変わる』かもしれない。これまでの馴染みの客をいじる（販路を変える）ことで『固定客が変わる』かもしれない。粗利をいじることは、リスクの大きい影響を及ぼしかねない。だから下の経費から手を付けるんだ」

佐野は会議でこう説き続けた。「数字の先にいる人との関係、人の動きがどう変わるのかまで考え抜け」というのが佐野のメッセージであった。

「なんとかボーナスを出したい。だから協力してほしい。経費を本気で下げたい」

政義も幹部との面接で、こう本音で語った。幹部も「これくらい売り、これくらい経費を管理しないと儲からないのか」と、受け止めるようになった。

「管理の仕事って、すごく大切ですよ」と佐野は言い切る。

「生産計画」を立てる人と同様に、「工程管理」をする人も組織には必要だ。生産計画を立てても、管理する人がいないとうまく行かない。注意が必要なのは、「生産計画を立てた人が管理を兼務しない方が良い」ということである。なぜならば、管理する人が生産計画を立てると、能力の限度に近い生産計画を立てなくなってしまう。甘えが出るためだ。工場を管理する人は、どうしても余裕をもって生産をやりたくなってしまう。

社長が「生産計画」を立て、社長自らが「工程管理」をすると、社長の時間が奪われ、身動きが取れなくなってしまう。佐野が最初に丸政で見た光景であった。すべてを政義がやっていた。

「社長の仕事って何なのか。誰も教えてくれなかったんですよ」

政義は当時を振り返る。

中小企業の多くの経営者は、「時間」と格闘している。なんとなく思い描く社長の役回りを果たそうと、必死に走っているが、カラ回りしている。社長が社長業に打ち込む「時間」をどうつくるのか。丸政の場合、それを実現させる参謀役、番頭役が欠けていたのだ。

「儲かるけどやらない」

「佐野さんから学んだことの一つに、『儲かるけどやらない』という経営者の判断があるんです」

政義は不思議なことを口にした。儲けにつながることは何でもやるのが経営者であり、銀行もそれを望んでいるのではないか。

政義や佐野の考えはそうではない。

「人やモノ、情報、過去、現在、すぐ先の未来の数字の動きまでも手に取るように把握できていなければ経営ではないんですよ」

今の政義は、今月どれくらいの売上に着地するのか、期末目標に対してどうなのかという現状把握もできている。

「駅弁はウチにしかできないことです。だから『やる』。一方、儲かるのは分かっているけれど、私がそれにかかりっきりになってしまうのならば、あるいはそれが他の事業者も簡単に追いつけるものであれば『やらない』。時間がもったいないからです。社長は『やる／やらないを決める』ことが大切なのです」

たとえば、駅弁を小淵沢で製造することは「やる」。なぜならば、八ケ岳の水で炊きあげた米に付加価値があるからだ。他の業者には容易にマネができない。もちろん、東京で弁当を売るのであれば、東京近郊で製造した方が効率は上がる。しかし、それは「やらない」。誰にでもできるからだ。

「時間を止める」技術

伊勢丹新宿店に出店したのも、この考え方の延長だ。

だが、小淵沢で製造した消費期限の限られる駅弁を、一体どうやって新宿で販売するというのか。時間でも止めなければ、それは難しい。

丸政が目を付けたのが、「時間を止める」技術、すなわち「冷凍」であった。

冷凍の本質的な意味は、製品を凍らせることではない。「時間を止めること」にある。

「時間を止めること」により、小淵沢で製造するという「丸政のこだわり」をそのままに、東京で販売するという距離の問題を解決できるのだ。

これによって働き方も劇的に改善できる。さらには革命的に食品ロスを減らし、粗利を改善させることもできるのだ。

百貨店などの総菜コーナーは、毎日約1割の食品ロスを出す。粗利の圧迫要因であり、何より環境にやさしくない。冷凍技術は、これを一挙に解決できる可能性を秘めている。ところが冷凍には、頭の痛い問題がある。冷凍と解凍により、肝心の味や素材の食感を台無しにしてしまいかねないという致命的な課題だ。

食材を凍らせると、水分が凍結する。氷は体積を膨張させ、食材の細胞を破壊し、解凍時にうまみが流出する原因となりやすい。しかし、磁力と電磁波を当て、水の分子を整えながら凍らせることで、食材へのダメージを軽減し、解凍時にうまみが流れ出すドリップを抑え、鮮度や食感を保つことが可能になる。

問題は、お米だ。米は冷凍するとデンプンが変質し、解凍時には水分が抜け、蠟《ろう》のように固く、ボロボロになる白蠟化現象を招きやすい。

そこで特殊な解凍機を使って、30度で2時間かけて解凍していくことにより、食材の質を損なわず、冷・解凍ができる最新の技術を導入した。こうして伊勢丹新宿店の地下食品売り場にも出店が可能になった。冷凍によって「時間」を止めたからこそ、粗利の改善と同時に食品ロスを減らし、環境負荷も抑えることができるようになったのである。

銀行員として本当にやりたかったこと

佐野は１９６３年8月生まれ。厳しい就職活動の中、地元の銀行に進んだ。30代後半で、銀行から選抜され、中小企業診断士の資格を取った。

「診断士の資格を取ってから、企業を見る目が変わりました。若い頃は、どちらかと言えば、企業に惚れ込んで応援するタイプでした。しかし、資格を取ってからは、ウォームハート（温かい心）に加え、クールヘッド（冷静な頭）で企業を見るようになりました」

石和《いさわ》温泉の再生プロジェクトにもかかわった。しかし、再生事業は難航し、その後も華々しい銀行員人生を送ってきたわけではない。大型店勤務も経験したが、収益重視の銀行の方針もあり、やりたかった「企業支援」を思うように進めることができなかった。

そして、銀行本部で働いていた53歳の時、小淵沢支店長に任じられた。

小淵沢支店は、銀行の支店でも小型店だ。この異動が、佐野の銀行員人生における最後のキャリアであることはすぐに分かった。「銀行員」という時間にも限りがある。

「よし、今までできなかったこと、やりたかったことを好きなようにやってやるぞ」

佐野はむしろ奮起していた。銀行員人生で最も前向きになれた。

支店の収益を度外視したわけではない。佐野支店長の在任中、小淵沢支店は業績表彰を受け続けた。

「ならす」ように経費を削る

経営不振の丸政は、支店にとって重要課題であった。赤字で今後の方針が見えず、銀行としても現状維持のスタンスであった。若き社長の政義が悩み続けていることが、どうも気になった。

当時は金融庁、日銀から「企業の経営改善計画を策定する場合は、経費削減さえすればいい」という杓子定規な指導が、銀行になされていた。

「それは違う」と、佐野は直感的に思った。

「事業価値を落とさずに、経費を削っていくコツは、『ならす』ように進めることです」

たとえば、設備機械の除去損を精査し、もっと高く売れなかったのかを検証する。コスト意識を従業員にも持ってもらうには、損益計算書の下部項目の損失や費用から見直す。組織としてコスト意識が浸透したら、上の項目にも徐々に手を付けていく。

丸政でも最終的には「原価」を見直している。しかし、従業員に対して、頭ごなしに行うことは決してしなかった。コスト問題は「自分事」だと受け止め、自ら「行動変容」してもらうまで、全員で会議を開き、粘り強く話し合ったのだ。

現行の商品の写真を撮って、一つ一つ、具材の定義づけを従業員全員で確認した。

「この具材は何のためか」「たくあんなどの副材はなんのためなのか」「彩りなのか、肉を食べたあと、口をさっぱりとさせるためのものか」

そうした機能を一つ一つ定義づけし、その機能のうち優先順位の低いものから「原価」を見直していく。いきなり米を変えると味全体のバランスが崩れてしまう。こうした地道な作業を続けながら、目標の原価削減額に到達しているのかを繰り返し確認した。

「売上」が増えたとしても、配達先が増えて「利益」は残らないという事態は避けねばならない。「変動費」である物流費をできるだけ増やさずに、「売上」を伸ばす方策が必要だった。丸政の場合、東京と甲府という2拠点に物流を限定し、その範囲で「売上」を伸ばせる営業を目指した。

なぜ銀行は、企業の現実と乖離《かいり》した、教条的で頭ごなしの「支援」をしようとするのか。

佐野の回答はこうだ。

「資産を持つストックビジネスの銀行は、どうしてもフロービジネスの商売を理解しにくいのでしょう。たとえば、野球やサッカーの試合で『今日は無理をせず、3対4で、僅差で負けるくらいのゲームにしておこう』なんて考える監督や選手はいませんよね。試合が始まる前から『落としどころ』をさぐるのがストックビジネスですが、フロービジネスは何点でも取れるだけ取ろうとするものなのです。思考がまったく違うのです」

丸政に転職

佐野は、２０２０年７月まで小淵沢支店長を務め、退職した。再就職先は地元ドラッグストアだった。

コロナ禍が本格化していた。佐野は、丸政のことが気になって仕方がなかった。毎月の「試算表」を取り寄せて目を通していた。心残りがあった。支店長を離れる時、「丸政に入社してほしかった」と、会長の政仁から声をかけられたのだ。しかし、丸政は簡単に幹部を採用し、人件費を増やせるような状況ではないと判断し、丁重に断った。

その後も政義からの「これで困っている」「これはどうしたらいいか」という相談に随時、応じていた。

２０２１年４月、政義はいつものように相談事があり、佐野と面談した。その時、しばらく考えていた佐野が口を開いた。

「コロナで苦しい時だからこそ、一緒にやった方がいいと思うようになったよ。コロナが終わってからではなく、コロナが終わった時に、丸政がどうチャンスを引き寄せられるのかが大事だ。オレはいつでも大丈夫だよ」

政義はそれまで無理に佐野を引き込むことは難しいと考えていたが、佐野の言葉で腹を決めた。

7月1日、佐野は丸政に入社した。ドラッグストアで抱えていたプロジェクトが一区切りついたことも、転機となった。

佐野が妻に転職話を切り出すと、返ってきた返事は、「いいんじゃない。だって、あなた、やりたそうだったじゃないの」。

思えば、支店長時代は、家に帰れば丸政のことばかりを家族に話していた。休日にも甲府の自宅から車を飛ばして小淵沢まで行き、ボランティアで丸政の工場に顔を出していた。生き生きと丸政のことを話す佐野の表情に家族はちゃんと気づいていたのだ。

「第二の人生ですし、自分が本当にやりたいことをやる。そのことを大切にしたいです」

社長と参謀の役割分担

「社長が『こうしたい。こういう課題がある』と思っている悩みを受け止め、現場だけでは解決できない問題を私が力を尽くして解決し、社長の目指しているところに進んでいく。それが私の役目です」

今では丸政のトレードマークの黒いユニフォームがすっかり様になっている佐野専務は、丸政の応接室で、自身の夢を語りだした。

政義の悩みは、売上10億円の壁だ。売上が10億円に迫ると、どんなに社長が個性を発揮してもはね返されてしまう。

「社長の腕だけでは限界だと思い知らされました。10億円を超えていくには、どうしても組織力が必要なのです」

それには社長補佐役、壁打ち相手、軍師、つまりはバランス感覚に優れた「番頭」が必要となる。さまざまな企業をみてきた佐野も証言する。

「どんなにワンマンな社長でも伸びる会社には、脇を支える人がいます。水魚の交わりです」

政義が丸政に入社した時、当時の社長である父から「工場に入れ」と言われた。

工場で必死に生産性向上に取り組んでいると、注文が入らなくなった。ならばセールス強化だ、と営業に走り回ると「納期が遅れます！」と、今度は生産現場が悲鳴を上げた。社長になり、両方に目配りをすると、生産性は向上せず、売上も伸び悩んだ。「営業と内部管理のシーソーゲーム」が中小企業の現実だ。

必要なのは、企業の営業と内部管理の両立という厄介な問題をはじめ、企業のあらゆる課題と命運を共にする一蓮托生の番頭だ。常に横に控え、どのような苦しい問題でも相談に乗って解決に取り組み、社長がやりたいことに打ち込めるよう、「社長の時間」をつくる経営参謀だと佐野は言う。政義はこう話す。

「私が今、本当にやりたいことは商品づくりです。お客様が今欲しているニーズではなく、潜在的なニーズを探究したい。それをやるには、任せられる誰かが会社を見てくれないとできない。それを佐野さんに期待しています」

「問題解決企業にならなきゃダメだよ」と、佐野はコロナ前から政義に言い続けてきた。調査、開発、生産、販売、業務管理、あらゆるプロセスで生じる問題を自ら解決していく企業だ。他人任せ、「他人事」は厳禁である。そして、顧客から真っ先に電話が掛かる「ファーストコールカンパニー」になれ、と。

佐野はコロナ後も見据えている。

「私の銀行員時代からの夢は、丸政の工場をつくりなおすことです。それを社長にやらせてあげたい。コロナ前は、もうちょっと、というところまで来ていた。あと3年、5年で新工場ができるのではないか。『工場の青写真を描いておきなよ』と社長には話していま す。無理な借金ではなく、銀行からみても安全な形で、新工場をつくるべきだと」

第6章　10年後に評価される仕事

「向こう岸」に渡った男——浜松いわた信用金庫（石原淳生）

「自分事」の企業支援とは、できるだけ企業側に身を置く、経営者と同じ感覚で臨むことだ。そんな企業支援を体現するのが、浜松いわた信用金庫の石原淳生である。

石原は１９９４年、前身の浜松信用金庫に入った。２００４年から営業推進部の市場開拓班に所属し、法人向け公的施策の活用支援に取り組んでいた。

転機は２００７年７月。ある中小企業の従業員から感謝状を受け取ったことだった。複数の異分野の中小企業が連携し、経営資源を有効活用する異分野連携新事業分野開拓計画の認定をサポートしたことが喜ばれた。

その後のリーマン・ショックで、経営改善・事業再生支援の実務に従事し、窮境にある経営者の心理を知り、言葉を傾聴するうちに「良い時ばかりでなく、不況時に、どのように動けるか」ということが企業にとっていかに大切であるかを考えさせられた。いつしか「企業の立場から考える」ことが石原にとっての日常、すなわち習慣となった。

２００９年４月、地域連携の調整役を担う「応援コーディネーター」として、事業者から公募推薦された。新技術・新製品に対する理解力、文章構成力、ポイントをおさえる能力が推薦理由であった。そして石原の「強み」について、事業者は「企業サイドに立って、親身になって協力していただける積極姿勢」と評した。

新技術や新商品など、付加価値のある研究開発を行う中小企業以外は、これから生き残りが厳しくなる。問題は、金融機関の人材が長期的視点に立ってどう伴走していけるかだ。事業者からは「石原氏のような応援コーディネーターが県西部に数名いれば、頑張っている中小企業には発展するチャンスがあると思います」との声が寄せられた。こうした声が石原を変えた。

どうしたら中小企業の行動変容につながる企業支援ができるのか。石原は答える。

「現場で私たち地域金融の人間が同じ空気を吸うことですね」

企業支援とは、「こちら側」ではなく、企業経営者が悩む「向こう側」に渡るところから始まる。物理的な転職や出向が無理だとしても、目線や意識において「向こう岸」に渡るのだ。

救えなかった企業の教訓

石原も成功事例ばかりではない。

ある時、経営改善・再生支援にかかわったＦＡ装置製造企業は、自動車メーカーからの受注を見込んだ新工場建設が、リーマン・ショックによる受注減で裏目に出て、過大投資に陥っていた。

その企業は、かつて上場を視野に金庫から出向職員を受け入れていた。再生計画を策定したものの、売上優先の受注、社内の連携不足のために見積もり精度が不足し、設計ミスが多発した。さらに製造する部品や作業時間の増加などで、製造原価が予定を大幅に超過し、収益を圧迫した。

金庫は支援を継続していたが、取引先からの支援も受けられず、新工場を売却せざるを得なくなった。経営スリム化を進めたが、信用不安・受注減少に苦しみ続け、２０１５年、破産申請に至った。

「結果論ですが、楽観的な見通しで、社長が65歳で後継者不在の開発型企業で大規模投資を推進したことが判断の誤りでした。投資ではなく、財務が健全な時にＭ＆Ａで吸収合併して事業を承継しておけば、経営者だけでなく、従業員とその家族も幸せだったのにと考えさせられました。当然、経営状態が悪化してからのＭ＆Ａは難しく、だからこそ事業の先行きを見極め、会社の売却時期の見極めと経営の透明性、健全性確保が肝心だと思い知らされました」

企業の自力再生の限界を感じたことに、石原は悔しさを滲ませる。

その後、石原はＭ＆Ａ仲介会社に出向した。最初の関与先は、大規模な工場投資後、事業が軌道に乗らず窮境に陥っていた。税理士事務所からの紹介事案だったが、関与先からは、窮境を銀行には内緒にしてほしいと依頼されていた。

経営者が苦悩していたため、何とか、Ｍ＆Ａによる再生を目指したが、スポンサーを見つけられなかった。50社ほどとマッチングを試みたが、「全体を引き受けるには借入が重く、難しい」「債権カットや事業譲渡等のスキームがあれば、検討するが」という声がほとんどであった。窮地に陥った企業はメインバンクに相談できないのだということを痛感した。

出向命令

２０１８年４月、石原にＡ社への２年間の出向命令が下りた。総務部長（後に財務室長）としてだ。石原はこの辞令を予感していた。Ａ社はメインバンクとして、かつて石原が公的支援をサポートし、経営陣と信頼関係を構築していたからだ。石原がそこまで経営に入り込んでいたことを金庫はしっかりと見抜いていた。

石原は、金庫職員として在籍したままA社の財務室長として従事することになった。さらに、本社・海外子会社の経営支援業務・実務に加え、取締役会・経営会議等の重要会議への出席と意見陳述や、A社と金庫の要請に基づき、取引先への対応ができると、出向の覚書に盛り込まれた。つまり、腰掛けではない。

まず「やるべきこと」は、実務で数字と組織を理解し「黒子として」活動することであった。A社は、技術やノウハウによって業界内や市場で光るものがある地域のハブ企業だ。実態を理解するため「現場に解がある」との前提で、暇さえあれば現場に足を運んで工程フロー・要素技術を理解しつつ、作業員の表情を観察し、現場の社員と対話した。一方で退職者との面談は、時間をかけじっくり傾聴した。

また、取引先と面談して、業界における位置付けの把握と、今後手がけるべき事業の見極めを進めながら、金庫とも情報の共有を図った。金融機関に対しては、積極的に工場見学を実施した。社長自ら、製造工程と経営方針を謙虚に丁寧に説明することで、製造業特有の専門用語が共通言語として認識されるようになった。

経営状況の共有

石原は出向先の経営陣に対し、資金繰りを「他人（金融機関）任せ」にせず、「役員共通の理解事項」とするよう求めた。金融機関には、何でも情報開示するようにした。

まず経営を「グループ連結」で捉え、「簡易連結の財務資料」の作成と開示のサイクルを定着させた。「グループ間のシナジー発揮」と「情報共有」のため、「毎月の定期経営レポート」を海外子会社の駐在社員にも開示するようにした。他方、海外駐在社員には、事業計画における財務とアクションプランの「月次進捗報告」を義務づけた。そのことが、取引先や金融機関への対応に大いに役立った。現在でも、経営者自らが、「グループ企業全体の月次経営レポート」を自分の言葉で語ることで、グループ経営の可視化を継続している。

石原は、財務室長として、関係部署から情報を積極的に収集し、経営の先行きを見通し、資金計画を予測しつつ、安心して経営者が事業に集中できる環境をつくることに注力した。楽観的な予測は許されない。とくに、海外事業では「顧客に売りたい数」と「実際に生産する数」にずれが生じやすいため、現実的な事業計画の見極めと、事業が軌道に乗るまでの設備・運転資金の把握と管理が重要であった。

また、設備投資案件の稟議会には必ず参加し、新規の見積もりも確認した。製造業の窮境原因の多くは、設備の不稼働であり、投資の意思決定のベースとなる積算がいい加減だと、検証、対策もできず、事業計画も絵に描いた餅となるためだ。

海外でも、大型案件では、石原が基本的に現地へ視察に行くようにした。課題や市場動向、工場の稼働状況を確認するためだ。

経営計画は実効性のあるものに見直した。「原価の把握」と「顧客ニーズの把握」は、「経営計画」や「資金繰り計画」と相互に関連するものだ。だからこそ、生産内示（仮の予想）と連動した単年度重視の経営計画とした。大切なのは、「経営計画」を「現場」と連動させたうえで、いかに目標に向かって組織として頑張るかである。品質管理を徹底し、重点部品を選定したうえで不良品削減活動も進めた。

こうした地道な活動の積み重ねが、「財務」として結実する。会社が財務改善に至るまでの「行動のトライ&エラーのプロセス」を金融機関が理解するかしないかで、企業支援の効果に大きな差が出るはずだ。

「伴走支援」から「一体経営」へ

出向者ゆえに可能な従業員たちとのコミュニケーションも重要だ。従業員たちは、石原が出向者だからこそ、言えることがある。実際、石原は「従業員として経営陣に直接言えないこと」を耳にすることが増えた。

２０１９年の忘年会のことだ。会長が「２０２０年3月に予定していた50周年記念事業を財務室の進言で止めて良かった」と話した。財務室が社の状況を鑑み、本気で中止を訴えたことがこのように受け止められ、石原は胸が熱くなった。

宴もたけなわとなった頃、酩酊した年下の社員が石原の肩をつかんで言った。

「あんたの仕事は、今は大変だが、10年後に評価される。頑張ってくれ」

思い起こせば、10年前、応援コーディネーターへの推薦時にかけられた言葉と同じであった。10年、あるいはそれ以上の時が経過して評価されるのが、地域金融の仕事なのだ。

２０２０年4月、石原は出向を終え、金庫に戻った。

同時に目配りしなければならなくなったのが、コロナ禍と、その後の資源高の影響だ。そこで感染拡大による工場稼働停止の影響をにらみながら、A社の中長期見通しを立てた。製品別の限界利益率、生産性、見通しを開示し、長期安定資金も調達した。

そしてコロナ禍でも、グループ投資計画、生産計画を開示し、グループ間で共有した。

案件ごとの進捗とファイナンスのタイミングを共有するためだ。予断は許さないが、情報を共有し、A社に伴走しながら経営改善に臨んでいる。

浜松はいわずとしれた自動車部品大国だ。電気自動車（EV）化の進展と部品メーカーの合併再編の影響は極めて大きい。サプライチェーンの再編も不可避かもしれない。つまり、現下のコロナ禍への対処だけでは不十分なのだ。電動化という産業構造の変化にも対処しなければならない。石原は言う。

「地域を支えようとする地域金融機関ならば、地域にとってなくてはならない企業には、これまでの『伴走支援』を超える『一体経営』にまで踏み込む覚悟が問われます。企業の事業リスクを負担する覚悟です。たとえば出資や経営者の派遣も含めてです」

ビジネスパートナー

２０１９年１月、浜松信用金庫と磐田信用金庫は合併し、浜松いわた信金が発足した。経営統合によって生じる余力を地域に還元するという経営方針が打ち出された。御室《みむろ》健一郎理事長（現会長）は「経営統合による業務効率化で生み出した余力を地元企業の活性化に振り向ける」と話す。

すぐに異変に気づいた。三洋アルミは、売上高3億円ほどにもかかわらず、部品メーカーの連帯保証という形で、富山銀行から10億円も借り入れていたのだ。明らかな債務超過状態である。

政夫は、同居していた父と口論を繰り返した。

「自分で買収したんでしょう? 大変なことになっているんだから、こっちを先に立て直すべきではないんですかね!」

親子げんかである。

三洋アルミの再建に力を注ごうとしない父の姿勢に業を煮やした政夫は、啖呵を切った。

「二度とここには来るな! あとはオレがなんとかするから!」

三洋アルミは、前述の地元建材メーカーの玄関ドアを受注製造していた。黙っていても仕事は入るなかで、肝心の「社の内部管理」は崩壊していた。

従業員の士気は低い。納期を守らない、ずる休みをする、採用してもすぐに退職するといったことが、当たり前のように繰り返されていた。

政夫は、父を解任し、自らを代表取締役として登記手続きした。社名もアルミファクトリーに変更した。

父との確執はさらに深まった。一時期、政夫は実家を出た。しかし、事業資金が行き詰まり、最終的には富山銀行の取りなしで、父に頭を下げて実家に戻った。

その後は、必死に経営を勉強し、試行錯誤で業務改革を進め、何とか債務の返済を続けながら、自力での販路開拓と「万年下請け」からの脱却も果たした。

初めての家族会議

ちょうどその頃、富山銀行が開催した勉強会で、富山銀行とフィーモが事業承継をサポートする「とやま永続企業支援サービス」を受けてみないか、という提案があった。

まず、フィーモの大澤と面談することになった。

大澤は、２０１７年から富山銀行の社外取締役を務めていた。当時の頭取、齊藤栄吉と日銀出身同士だった縁もある。富山銀行は、中小企業支援の柱の一つとして「事業承継支援」に取り組もうとしていた。棚元家がその第1号案件となったのである。

「家族憲章」を策定するための家族会議には、政夫、妻、当時25歳の長男の3名が創業家メンバーとして出席した。すでに株式を譲渡していた父は、メンバーから外れた。

「やってみれば、何か知らないことも出てくるんだろうな」

政夫は、家族会議について、この程度にしか考えていなかった。

２０２０年２月、初の会議が開催された。

まず長男から政夫に対して「どうして祖父を認めようとしないのか」と、思いもしない意見が出された。

創業者の義父と夫の確執をどう考えていたのか、妻も、これまで聞いたことのない本音を語り始めた。毎日、顔を合わせている家族でも、語らないことがある。政夫は、日頃は口に出されない家族の本音を次々に引き出す大澤のファシリテート力に舌を巻いた。

政夫は、これまでの父とのいきさつを振り返り、どう会社を立て直してきたのか、父とは違う経営をどう目指してきたかを率直に語った。

長男は、大学卒業後、祖父のいる部品メーカーに入社する予定だった。政夫は、それを尊重し、部品メーカーの仕事には一切口出しをしない意向を伝えた。

長男は、３代目の後継者として事業を承継する覚悟を決めているものの、自分の代で何らかの「第二創業」も考えていることを初めて明かした。そんな長男の考えを応援したいという妻の強い思いも、会議で初めて知った。

「きわどい話」もする

一緒に暮らしていても家族同士が本当の思いを言葉にすることは、実は簡単ではない。

「政夫夫妻が仮に離婚し、親権が妻に行った場合は、事業承継をどうするのか」

「長男が結婚し、先に長男が死去した場合、その妻に自社株を渡すのか」

家族会議は「きわどい話」にも及んだ。普段は触れないところまで踏み込んで話すことで、家族のメンバーそれぞれが、何を、なぜ優先したいと思っているのか、その価値観が分かる。

「株は渡さず、換金して自分の妻にお金で渡して欲しい」

こう長男は答えた。万一の場合、長男の株は、自社株を消却して発行株式総数を減らすことにした。こうした「きわどい話」まで曖昧にせず、話し合って決めておくからこそ、取り返しのつかない事態を回避することができる。

家族会議の議事録作成は、富山銀行の担当者が務めた。

「一字一句、テープ起こしをしていると、表現がきついので、こちらでマイルドな表現に修正したところ、大澤さんから『いや、そのままの言葉が大事なんです』と言われました」という。部外者が手を加えず、家族のありのままの言葉や思いを共有し、理解し合うことが、創業家メンバー全員の気づきとなり、創業家の絆を強くするのだ。

創業家メンバーには、会議前に前回分の議事録が配布される。読み込んでから会議に臨む。

会議を通じて家族も行動変容した。長男は、祖父の部品メーカーを引っ張っていかなくてはならない、という覚悟を持つようになった。創業者の祖父も、翌年から孫である長男を専務にすることを決めた。

東京の不動産会社に勤めていた二男も、1～2回家族会議に参加したところ、いずれ地元に戻ってくる意向を示した。2022年3月、言葉通り、二男はアルミファクトリーに入社した。「家族憲章通りに進んでいます」（政夫）という。

三男も一度会議に参加した。高校を卒業し、ハワイ留学予定だったが、コロナ禍で延期となっていた。

「お父さん、僕はいつまでこんな風にフラフラしていていいんですか？」と、真面目に話し始めた。

「いきなり何を言い出すのかと思いましたよ。でも確かにちゃんと話したことはなかったんですよね」

子供は子供なりに考えている。場を設け、話してみないと分からないこともある。

棚元家の家族会議を大澤はどう進めたのか。次のような答えが返って来た。

「創業者のお父様との関係が微妙だと感じていたので、そこを心配していました。家族憲章は、お父様、お母様にも入っていただくのが理想です。ですが今回は難しかった。それがどうなるのかなと心配でしたが、会議で長男さんがお祖父様に対する思いを述べられました。創業者のお祖父様に対する捉え方が親子で違うのだなと分かりました」

引退時期を「家族憲章」に明文化

家族会議のメンバーではなかったが、創業者には、富山銀行の担当者が個別インタビューを行った。

創業者である父の考えは、政夫にとってはおおむね想定内であった。ただ「売上高100億円」という目標を父は口にした。そこで「家族憲章」に盛り込むことにした。3世代の「時」を超えて引き継がれるバトンだからだ。

家族憲章に盛り込んでから、夢を目標にし、現実にするにはどうするか。政夫は考えるようになった。

10年後に売上100億円を達成するためには何が必要だろうか。どういう状態になっていないといけないのか。家族憲章に目標を盛り込んだことが演繹的に逆算をして考えるきっかけになったという。

棚元家の「家族憲章」には、「10年後に政夫が引退する」と明記した。政夫は、取材当時50歳。10年後の60歳で身を引くのだという。政夫は次のように語る。

「元々、事業拡大の意欲はあまりないんです。入った会社がたまたまアルミ加工メーカーだったということです。できるだけ自分が介入しなくても、毎日のオペレーションが機能するよう管理会計でポイントをおさえています。権限委譲もそつなく済ませたい」

アルミファクトリーには、富山銀行からの若手出向者が1年限定で来ていた。この出向者に、同社のPL（損益計算書）計画、キャッシュフロー計画、10年先までの借り入れと返済のタイミングが一目で分かる一覧表を作成させた。これによって、アルミファクトリーがどうなっていくのか、事業承継も含めて網羅的に将来が「見える化」されている。

創業家の行動変容のきっかけになる

中小企業は、創業家内の揉め事で、企業価値を簡単に毀損させてしまう。

政夫は家族会議を開催し、「家族憲章」を策定していく上で、地域金融機関の役割の重要性を痛感した。

「家族会議では、ファシリテーターが決定的に重要です。ファシリテーターがダメだと家族会議は成立しません。ここにこそ地域密着の地域金融機関が事業承継で果たせる大きな役割があります。事業が順調でも、こうしたことを言語化し、行動規範にする上で地域金融機関にできることはたくさんあるように思います。家族憲章は10年後、20年後の自分、１００年後の家、事業、会社を考える機会になります。身が引き締まり、創業家が行動変容するきっかけにもなります」

ファミリービジネスだからこそできることについて、大澤はこう語った。

「たとえば、『正道を歩む経営』はＳＤＧｓの本質です。『利他の精神が信頼のベース』という基本原則は、ステークホルダー資本主義に相当します。『節度を重んじ、強欲さを恥じる家訓』は、ノブレス・オブリージュです。何よりも『存続重視の長期視点』は、短期的高成長とは一線を画する『不易流行』なのです」

中小企業を「減らす」のではなく、経営者を「増やす」逆転発想

国の中小企業政策には、「中小企業の数を減らすことで効率化が図れるはず」という意図が見え隠れする。「集約・統合される先の企業経営者はおそらく有能に違いない」という目算に基づいたものだ。

これに対し、「有能な経営者を増やしたい」という、これまで地域に誰もいなかった挑戦者たちがいる。２０２１年１月、中小企業の事業承継問題を解決するため、滋賀県近江八幡市に設立されたＳｏＦｕｎだ。創業メンバーは吉川友、手操《てぐり》圭介、平井裕章の３人。いずれも地方銀行出身だ（その後、ＳｏＦｕｎ九州として東郷和也、ＳｏＦｕｎせとうちとして晄《ひかり》直紀も参画）。

「外野」か「内野」か

ＳｏＦｕｎの代表取締役吉川は、銀行員時代、中小企業、しかも小規模な事業者の法人営業を担当し、数多くの経営改善案件を手掛けてきた。「経営改善」こそ営業の最強の武器だと確信していた。

しかし、吉川が現場で目にしたのは、「手数料稼ぎ」が目的の「Ｍ＆Ａ案件」ばかりであった。仲介手数料が見込まれるうまみのある中規模企業の案件に、Ｍ＆Ａ仲介業者、金融機関が群がっていた。半面、本当に支援が必要な「小規模事業者の事業承継」は、誰も見向きもしていなかった。

吉川と同期入行の手操は、銀行本部で、コンサルティング業務を立ち上げ、４００社以上の案件に携わってきた。手操もまた、吉川と同じ現実に直面していた。

ビジネスマッチング、人材紹介、地域商社など、顧客サービスの充実を口では謳っても、顧客起点ではなく、あくまでも金融機関側がカネになる案件を争うだけであったのだ。肝心の支援メニューは外部委託ばかりで、企業側からすれば「外野」で起きている「他人事」の支援であった。

「自分たちがリスクを負って、『自分事』として『内野』で仕事ができないだろうか」と、手操は悩み続けていた。

３人目の平井は、銀行員時代、ベンチャーファンドなどの運営に携わってきた。ファンドの世界では、投資先の企業価値を向上させる経験を積んだ。その後、銀行中枢の経営企画に移ると、次世代の若手金融人材が組織において、どうしたら価値を創出できるようになるかを考えていた。

ただ、平井もまた悩んでいた。

「結局のところ、エクイティ（資本）の世界に入らないと、中小企業が抱える根本的な課題を解決することはできない」

問題の根幹は「立ち位置」にあった。企業から遠く離れた場所か、逃げられない一蓮托生のポジションか。

３人は問題意識を共有するようになっていった。

「自分たちの生きる地方にとって一番必要なことは、『外野』に身を置いて、中小企業をただ存続させ、集約して合理化することではない。『内野』に入り込んで、そこで生き生きと働く経営者、一人一人の従業員、その集合体である会社組織を増やすことのはずだ」

３人のバンカーたちは決意した。

自分たちが当事者として、事業を引き継ぐ会社を興すのだ。そして、ファンドのように売り抜けるのではなく、仲間を増やして、若手に経営者としての機会を提供するのだ、と。

事業承継問題

中小企業庁によれば、２０２５年までに、平均引退年齢の70歳を超える中小企業・小規模事業者の経営者は約２４５万人に達するという。そして約半数の１２７万人は「後継者ているのだ。

中小企業の事業承継問題では、ファンドの活用、中小企業同士のＭ＆Ａが「解決策」として考えられてきた。ただ、そのどれもが課題を抱え、本質的な解決はできない。

①プライベートエクイティファンド（ＰＥ）の場合

企業の収益力を示す指標とされる「ＥＢＩＴＤＡ（利払い前・税引き前・減価償却前利益）」が数億円以上なければ、投資の対象外となる。小規模企業はそもそも対象とならない。2〜3年（長くても5年程度）で投資回収せねばならず、長期ビジョンは描けない。

②サーチファンドの場合

ＰＥと比べると小規模な企業でも投資可能な場合もある。ただ、ＥＢＩＴＤＡが５０００万円程度は必要となる。ファンドである以上、一定の期間内での収益最大化が大前提となる。ファンド側からの支援についても、人材紹介や販路開拓のサポートなどは期待できず、腰を据えた中長期の関与は難しい。ほぼ自力で経営改善が可能な事業者が対象となる。

③中小企業同士のＭ＆Ａの場合

企業の規模は関係ない。M&Aの目的は、新たな取引先や人材、営業所の獲得であるケースが多い。経営人材を抱える中小企業はほとんどなく、よって管理系の人材が本社から派遣されるか、親会社の経営者が兼務して監督業務を行うことが多く、親会社を模倣するだけで、経営者は育たない。

④SoFunの場合

株式は、原則永続保有。将来、経営者や従業員による買収に応じる可能性はあるが、売却前提での投資は行わない。投資対象の企業は、年商1億弱~10億円未満、EBITDAは1500万円以上。これによって、相当数の小規模事業者案件が検討対象となる。

「オーナーシップ」を握るので、若手に経営者となる機会を提供できる。ITや財務などの従業員教育に力を入れ、将来の経営者候補も育てる。

「中小企業の事業承継」が「古くさく」「ダサい」選択肢ではなく、経営者として組織を動かし、事業を生み、育てることが「カッコイイ」と思える選択肢にする——。これがSoFunの挑戦だ。

「家業を事業に」

創業家経営でも業績を伸ばしている中小企業はあるが、会社の「所有」と「経営」を分離し、公私混同せず、従業員教育にも手を抜かずに利益を上げることは容易ではない。役員報酬や株の配当で会社の資金を好き勝手に引き出して散財し、ボーナスが出ない従業員が結婚を諦めているという悲惨なケースもある。「オーナーシップ」を握る創業家の顔色をうかがいながら、「雇われ社長」が経営を大胆に刷新することは至難の業だ。

そこでＳｏＦｕｎは、「家業を事業に」という方針で事業承継に臨んでいる。ＳｏＦｕｎが「オーナーシップ」を握った上で、メンバーが実際に経営者となるスタイルだ。

ＳｏＦｕｎは２０２１年３月、京都市の建設業者ミサキの全株式を買い取り、その後、吉川が自ら社長となった。

ミサキは、京都で最も古い「あと施工アンカー業者」である。

あと施工アンカーとは、硬化したコンクリートに機器などを据え付ける際、機器を固定するために、コンクリートにアンカーボルトを打ち込む作業だ。

工事の案件は多く、需要は堅調。職人集団の技術力にも定評がある。ミサキに欠けていたのは「後継者」であった。

社長に就いた吉川へ向けられた社員の視線は当初、冷たかった。経験ゼロの吉川が社長として乗りこんで来たのだから、当然である。

吉川はひるまなかった。経営者の役割は、従業員と一緒に幸せな会社を作ることだと繰り返し伝え、従業員を巻き込み、職人に至るまでノートパソコンを配布し、業務をクラウド化した。バックヤード業務を効率化し、業務プロセスを見直し、従業員の処遇改善に取り組んだ。

さらに経営ビジョンと成長戦略を全員に明示し、どこに会社が向かっていくのかを説明した。従業員一人一人と対話し、「家業」ではなく、自分たちが「自分事」として「事業」を担うという意識を植え付けていった。

結婚を決意する従業員たち

「経験」と「勘頼み」の営業のやり方も変えた。過去の受注実績を分析し、「取るべき案件」と「取る必要がない案件」を「見える化」した。従業員の評価手法、人事制度も、明確な内容に改めた。とくに力を入れたのは、「従業員教育」だ。金融、ＩＴ、財務を学んでもらい、スキルアップを図った。

それまで非正規雇用扱いとしていた職人3人を社員化し、さらに3人を採用した。その結果、社員の平均年齢は、47歳から38歳と、10歳近く若返った。

業績は回復し、まもなく過去最高の売上高となる見通しだ。一方、業務効率化で残業は5割減った。賃金を引き上げたが、売上高・利益ともに増加した。それだけ生産性が向上したからだ。従業員たちの顔色が目に見えて明るくなった。

「会社で自分が成長できるというイメージをつかめた」と、結婚を決意した従業員が2人も現れた。

ある時、吉川がアンカーボルトの打ち込み作業を習得しようとしていたところ、ベテラン職員から不意に声をかけられた。

「社長にしてほしいのはそんなことちゃうねん。社長が来てから会社が良くなってるんやし、現場は俺らが回すから、社長は社長の仕事をしてくれたらええねん」

中小企業の従業員が望んでいるのは、真っ当な社長、真っ当な経営なのだ。

未来を変える挑戦

ＳｏＦｕｎは２０２２年3月、滋賀県の不動産・建築業「ソブホールディングス」の株式を70％取得し、4月、平井が社長に就いた。

元々は承継ニーズではなく、組織整備のサポートとして、２０２１年6月から平井が常駐の経営コンサルとして入っていた。

当初、平井は、建築部門の「実行予算管理」も「適切な人材配置」もなされていない経営実態を目の当たりにした。そこでクラウドの導入による「経営管理のＩＴ化」を実現した。勤務形態も柔軟に見直した。

ところが、組織体制の乱れや顧客取引をめぐる社内体制の不備が発覚するなど、さらに踏み込んだマネジメントの立て直しが急務となった。オーナーは、平井とＳｏＦｕｎのさらなる支援の必要性を悟り、２０２１年12月、ＳｏＦｕｎに経営参画を要請。ＳｏＦｕｎが株式の7割、オーナーが3割を保有する体制に移行し、思いがけず、平井が社長に就くことになった。

平井は、建築現場の監督責任者だった成宮健太を建築子会社のトップに起用し、業務フローを見直し、自身も含めて、ダブルチェックを経ない実行予算を認めないようにした。週1回の定例ミーティングを開催し、いつまでに誰が何をするのかについて情報を共有した。すると、悪化していた業績は改善傾向に転じ、社内の雰囲気は一変した。

２０２２年９月、平井は、成宮との打ち合わせのため、ある建築設計事務所を訪れた。しばらく談議をしていると、おもむろに成宮が話し始めた。

「今が一番、社員全員が同じ方向を向いて頑張れる状態です」

小さな子供を育てる女性社員２人からも、「出社が自由になり、働きやすくなって助かった」と感謝された。

事業を引き継いだものの、経営に行き詰まっている40～50代の経営者は少なくない。ＳｏＦｕｎが目指す「正しい経営」に共鳴する中小企業が増えれば、オーナーと従業員の幸せもそれだけ増える。ＳｏＦｕｎは、自らが経営者として入り込み、「家業」を「事業」に生まれ変わらせることで、会社と従業員の「未来」を変える「自分事」の挑戦を続けている。

第8章　「企業支援」のプロたち

「予約の取れない企業支援勉強会」——近畿財務局の「水野ゼミ」

コロナ禍と資源高で苦境に陥った中小企業を支援しようと信用金庫、信用組合の担当者らが集まる企業支援勉強会が、2021年4月から近畿財務局で継続的に開催されている。20〜30代の若手職員たちによる自発的な取り組みで、財務省、全国の財務局でも注目を集めている。

噂が広がり、多くの信金・信組から申し込みが相次ぎ、定員オーバーのため、希望者の受講を断らざるを得ない「予約の取れない勉強会」として知られている。

コーディネーターを務めるのは、債権法に詳しい追手門学院大学経営学部長の水野浩児教授で、勉強会は「水野ゼミ」と呼ばれている。

勉強会は1クール3回で、毎年、前期・後期の2クール計6回が開催される。1クールごとに受講者を入れ替え、累計受講者は約60人に及ぶ。公認会計士、弁護士も毎回参加する。企業支援の場面で生じる会計、税務、法務上のさまざまな相談に応じられるようにするためだ。

とくに返済条件の緩和や債権カットを伴う事業再生局面に進む場合、事業再生計画の策定で専門家との協力関係が不可欠になる。水野は語る。

「企業支援の知見やノウハウを学ぶだけでなく、他の金融機関、士業の専門家といつでも相談できる『見知った関係』となることをゼミの目的としています」

勉強会の最大の特徴は、各信金・各信組が実際にかかわった中小企業の支援案件を事例として取り扱う点だ。これを題材として水野の講義、グループワーク、講評を行う。

企業の特定情報が伏せられている以外は、業種、業容、業績、窮境状況、支援内容と結果のすべてが示される。成功事例ばかりではない。難航中の案件の方が多い。グループワークでは、各事例について各受講者が「自分ならどうするのか」を多角的に議論する。

たとえば、2代目社長が先代の粉飾決算を明らかにし、一時は混乱に陥ったが経営支援に踏み切ったケース、収益性が低く、キャッシュフローを生み出せない町の電気工事業者、コロナ禍が直撃したビジネスホテル、社長の死去に伴い長男が事業を継いだものの、債務超過状態で資金面以外の打開策で悩む製造業、業績好調だが親族内承継で揉めている金属製品メーカー、工場が火災に見舞われ、さらに経営を担っていた社長夫人が病に倒れた食料品メーカー、復興特需の減少により売上が減り、運送部門の慢性的な人手不足で苦しむコンクリート製品メーカー、独自性のある商品を持ちながら、かつて購入した自社ビルの負債に苦しむプラスチック切削加工業など、すべて現在進行形の事案だ。
「企業支援」の答えは一つではない。「重要なことは正解・不正解ではなく、今すぐに動き出すことです。動き出せば協力者が現れ、新たな展開が開けます」と水野は話す。

「債権の目的」とは？

水野は学者一筋ではない。奈良県地盤の南都銀行出身で、地域金融の実務経験を積み、その後、アカデミックの世界に転身した。大学サッカー部の部長のほか、銀行員時代からラジオパーソナリティーも務める異色の人物だ。

銀行の実務経験を持ちながら、研究者としての地位を確立した人物は珍しい。債権法の専門家として水野は、次のように語る。

「民法学者の我妻《わがつま》栄《さかえ》博士は、債権の目的は債務者の行為（給付）であり、債権者および債務者には多くの権能と義務があると論じています。つまり、債権の目的達成には、どうしても債権者の協力が必要なのです。良質な債権であるためには、債権者が債務者の状況を的確に把握していることが重要です。ですので、その前提として債権者である金融機関と債務者である中小企業経営者の『情報共有』を軽視してはいけないのです」

「債権管理」という言葉は、金融村では日々使われているが、「債権の良質化のための債務者の行動変容」という観点は抜け落ちている。

もちろん、債権の良質化は、口で言うほど簡単なものではない。債権者と債務者の間には常に「情報の非対称性」が存在するからだ。一部の極めて信頼関係の深い取引は別として、大多数の債務者は、都合の悪い話ほど、債権者にはしたがらない。ただ、これでは債権者と債務者の共同作業は望めない。だからこそ、債権の良質化を実現するには、「時には企業の行動変容を促す提言を行えるほど、金融機関が企業の事業を深く理解することが必要です」と、水野は訴える。

行動する「オンリーワン」の学者

水野がユニークであるのは、実務者目線も持ち合わせる「行動する学者」である点だ。

そうなったきっかけは２０２０年。債権法の大家、慶應義塾大学名誉教授の池田眞朗《まさお》が『会社法務Ａ２Ｚ』９月号への特別寄稿において、水野のことを「実務家教員の第一人者」と評し、実務家教員を目指すのであれば「（水野のような）『オンリーワンでナンバーワン』を目指すべきであろう」と述べたことであった。

水野が師事したのは、民法総則が専門の関西大学名誉教授である髙森八四郎《はちしろう》だ。20年ほど前、水野が銀行勤めをしながら大学院に通っていた時、髙森は水野に言った。

「君は稀有な才能を持っている。池田先生の後を追いかけて、研究を続けなさい」

師が弟子に、別の研究者の背中を追えとは普通は言わない。水野は病床にある髙森を月１回、見舞ってきたが、２０２３年１月11日午前４時、髙森は永眠した。その恩義を水野は決して忘れない。

髙森が背中を押し、池田が「オンリーワンでナンバーワン」と評したことで、水野は「行動する学者」へと変容した。

銀行業界は行動を恐れる。「失敗が許されない組織文化」があるからだ。しかし、本当に恐れるべきことは、別にある。何かを恐れるあまり、極端なリスク回避によって、もっと大きな何かを失うことだ。これから地域金融の真の淘汰が始まるなかで、そのことがますます問われてくるだろう。

「板橋モデル」——板橋区立企業活性化センター（中嶋修）

ＪＲ埼京線の浮間《うきま》舟渡《ふなど》駅から２００メートルほど歩いたビルの２階、板橋区立企業活性化センターに、驚くべき企業支援チームがある。

　４００社以上の中小企業の経営改善支援を手がけ、うち9割を立て直した。自治体による企業支援では、他の追随を許さない日本一の実績だ。

　金融機関、支援機関はもちろん、弁護士、税理士、中小企業診断士、建設・飲食・アパレル・機械・輸出部門の専門家ら３５０人のセンター登録者と連携して、相談事案ごとに取り組む企業支援は、「板橋モデル」と呼ばれている。

　板橋モデルは、中小企業診断士が常駐する「経営相談窓口」、診断士、弁護士、社会保険労務士が応対する「ワンストップ相談窓口」、そして「経営改善チーム」という板橋区の各部署がシームレスに連携して稼働している。

「経営相談窓口」は、区のあっせん融資、利子補給制度など、「ワンストップ相談窓口」は、各種補助金の申請、専門家派遣、受注先支援、クラウドファンディングなどの相談を受け付ける。そして、銀行の「債務者区分」では「要注意先」以下とされる、とくに業況の厳しい企業の相談を引き受けるのが「経営改善チーム」だ。

　板橋区立企業活性化センター長と経営改善チーム長を兼ねるのが、中嶋修だ。

「断る案件はありません。どのような相談でも受けます。ただし経営者に覚悟がなくてはいけません」と中嶋は話す。

一般的に自治体が設けている企業相談窓口では、経営が厳しい企業の相談は原則として門前払いである。どんな相談も受け付けながら、しかも9割の改善実績を誇る板橋モデルの特異性が際立つ。なぜ、このようなことが可能なのか。

それは、企業再生に「自分事」として取り組むからだ。そして中嶋という男に、経営者を行動変容させる覚悟と説得力が備わっているためだ。

負債380億円、破綻企業の経営者

「『85歳までセンター長をやってくれ』と言われています」

中嶋は2023年、75歳を迎える。講演、勉強会、有識者会議に引っ張りだこで、全国を飛び回る中嶋が、人生を「企業支援」に捧げているのには理由がある。

中嶋を突き動かしているのは、自身が歩んできた数奇な半生での経験だ。破綻企業の経営者として苦しみ抜き、関係者に多大な迷惑をかけたという失敗への償いである。

中嶋はかつて、上下水道整備では国内トップの「日本水道」の社長であった。浄水場、処理場の建設、末端管路の施工まで手がけ、年商230億円、従業員280人、全国に支店を構えていた。

先代の頃、政府開発援助（ＯＤＡ）で、中国での浄水場建設を日本企業で初めて受注した。父は中国で、栄誉市民となり、経済顧問などの要職も歴任した。中嶋は１９７０（昭和45）年に大学を卒業し、日本水道の関連会社に入社した。その後、日本水道の社長室長を務めるようになり、父と共に、20回は中国へ出張した。

「億単位の仕事を受注するため、銀座で一晩１００万円の接待費を使うこともありました」

当時はバブル景気。大型案件を受注するため、湯水のように交際費を使った。

しかし、バブル崩壊で、すべてがはじけ飛んだ。受注は激減し、取引銀行が合併して貸出債権の回収に走ったため、返済圧力が強まった。売上の過大申告も発覚し、一気に経営危機に陥った。

民事再生手続きを検討するものの、役員会議は紛糾。父は経営責任を取らされ、２００1年1月、訳の分からぬまま、52歳の中嶋が社長に就いた。即座に連帯保証人となり、取引金融機関への「おわび行脚」が始まった。その数、21行に及んだ。

それでも、全国で着手中の工事だけは責任を持ってやり遂げ、２００２年に破産手続き申し立てを行った。負債総額380億円（うち金融債務360億円）の大型倒産だった。

さらに、中国の施工案件が不調となると、スポンサー候補が断念し、東京地裁は2003年8月、破産手続き廃止を決定した。

人生のどん底

人生のどん底に突き落とされた。資金繰り地獄。夜は、酒を飲まずに眠れない。神田のビジネスホテルに日曜から金曜まで泊まり込んだ。帰宅すると、気が緩み「臨戦態勢」が取れなくなるためだ。

積年の飲酒が祟り、体調を崩し糖尿病にもなった。財務・法律の知識がゼロにもかかわらず、見栄を張り、視野が狭かった。

「毎日がイヤでイヤでたまらなかったです」と、当時を振り返る。

しばらくして、経営の失敗を踏まえて経営コンサルタントとして再起を図るべく、立ち上がった。

酒もタバコもゴルフもやめた。何事もメモを取る習慣をつけた。「謙虚に、謙虚に」という妻から言われた言葉をモットーとした。必死に企業再生の勉強に励んだ。徐々に、知識と経験が身についた。

２００４年、板橋区の企業活性化センターに個人事業主として入居、息子と一緒に開業した。入居した8号室は今でもセンターの一角にある。

２００５年、中嶋は経営コンサルタントとして、東京都中小企業振興公社・経営支援部マネージャーを引き受けた。この縁で、翌２００６年、板橋区立企業活性化センター長に就いた。当初は「創業支援」に力を入れた。以来、１５００人の創業者を送り出してきた。これも驚くべき数字だ。

苦境の経営者には「未来の話」を

２００８年のリーマン・ショックが大きな転機となった。金融庁が中小企業の「経営改善支援」を強化するとの新聞記事を目にした。すぐに板橋区の産業経済部長に話を持ちかけた。

「我々も中小企業の経営改善支援をやりましょう」

こうして２００９年、経営改善チームが設立された。センター長の中嶋がチーム長を兼務した。

経営改善チームは、まず相談企業の「資金繰り表」をつくる。中嶋は語る。

「財務資料は過去の話です。金融機関も分析をしますが、過去の問題点ばかりを指摘しがちですよね。私たちは『未来の話』をするために、これからの資金繰り表を作成します。なぜならば『頑張れば、今より必ず良くなる』と、経営者に希望を持って、行動変容をしてもらうことが経営を変えていく上で、何よりも大切だからです」

販管費などを削減して、実現できる未来の姿を見せる。幹部社員にも会社の危機を「自分事」として共有してもらう。経営改善チームは幹部会議、営業会議にも参加する。その上で知恵やアイデアを総動員し、売上・粗利を増やす可能性を引き出す。

売上計画や資金繰り表は、エクセルでの作成からチームがサポートする。「誰かがやる」ではなく、最終的には企業が自ら作成できるようにならねばならない。

経営改善チームは土日、祝日、夜間でも相談に対応する。経営者に同行し、金融機関へ説明に行く。約３５０人の専門家派遣も無料で行う。

財務諸表、売上データ、資金繰り表を分析し、ヒアリングや資料の行間から見えない課題を徹底的に抽出するのが、企業支援家だ。

「チーム医療」

板橋モデルの経営改善チームが、まず取りかかるのが「病名の判定」だ。企業がどのような症状なのかを探り出す。

債務超過なのか、赤字決算か、資金繰りの問題か、売上低下によるものか、粗利が出ないことか、後継者不在か、組織上の問題か、などの診断を行う。

多くの金融機関はここでおしまいだが、次に「精密検査とヒアリング」に移る。

決算書だけでは読み取れない経営問題を見つけ、その真因を突き止めるため「事業性評価」を行う。なぜ赤字なのか、なぜ売上低下なのか。「病気」の原因を明らかにし、症状に応じた最適な「処方箋」「治療法」を考える。

ここで必要なのは、まるで患者と医療チームのように、経営者と経営改善チームが「信頼関係」を築くことだ。「このまま放置すれば、病状は悪化し、死（経営破綻）に至る」という厳しい現実を経営者と共有し、治療（経営改善）に臨む。

最後に「チーム医療」の展開だ。

売上高拡大、原価の管理、銀行との資金繰りの交渉、組織改革など、各分野のスペシャリストが「専門医」として具体的な治療に当たる。

この時、「総合医」(経営改善チーム)が綿密にヒアリングを行いながら、全体の進捗を管理し、治療方針(経営改善計画)の策定を進める。

「治療」には2種類ある。メスで大胆に病巣に切り込む「外科治療(構造改革)」と、時間をかけて体質を改善していく「内科治療(収益改善策)」だ。

外科治療は、役員報酬・交際費のカット、不動産売却などの合理化策である。内科治療は、売上・利益増加、組織改革、危機感共有、将来の夢づくりなどだ。

「事業性評価」が成否を分かつ

「外科治療の企業再生、事業再生のプロは多いが、内科治療の経営改善を担うプレーヤーが圧倒的に少ない」と中嶋は警鐘を鳴らす。

経営改善で何よりも力を入れているのが、「事業性評価」だ。

「財務面のデューデリジェンス(DD、査定)は1日で済みますが、それも経営改善計画の1割に過ぎません。事業面のDDが9割を占めます」

経営改善チームは、「事業性評価」を全10項目に分類して行う。

①「資金繰り表の作成」

②「法人、経営者の借入金一覧表の作成」
中小企業において法人と経営者は実質的に一体だ。だからこそ、経営者個人を含めて借入金を総ざらいすることが計画策定には欠かせない。
③「金融機関の協力度、返済状況、保全状況の調査」
これも資金繰り表の確度を高めるためには欠かせない。
④「法人事業概況説明書の作成」
チームがとくに重視するものだ。原価、販売費および一般管理費、資産、負債の細目が明記されており、法人税申告の際に添付する。月次の売上・仕入金額、外注費、人件費の明細、未収入金や売掛金の相手先、期末残高も分かる。
⑤「経営者の性格、保有資産、負債の分析」
⑥「得意先のDD、売上先ベスト10、顧客の棚卸し、取引条件の確認」
⑦「仕入先、下請けのDDを通じた原価管理。顧客、部門ごとの利益の確認」
安定した粗利を出すため、細部にこそ目配りする。
⑧「組織風土、能力の調査」
幹部ヒアリングで調査する。

⑨「国や自治体に納める公租公課、仕入れ先への支払いの延滞がないかどうか」

企業は、金融機関への返済を優先するあまり、納税や仕入先への支払いを遅らせている場合がある。

⑩「後継者の有無、社長の改善意欲の調査」

これも大切なポイントだ。改善計画が長期に及ぶ場合は、後継者問題と一体で考える必要があるためだ。

「製造業なら製造原価、建設業なら工事原価の中身をしっかりと見ることのできる専門家を入れないと改善計画の策定は難しいです。原価をしっかり管理し、適正なマージンを乗せなければ粗利を出すことはできません。本社経費を計上し、上昇している人件費・運送費も反映するのが当然です」と中嶋は語る。

身を捨ててこそ、浮かぶ瀬もあれ

中嶋は、かつて自ら企業を破綻させた反省から「経営改善支援」に人生を捧げてきた。

行き詰まった経営者たちは、「資金繰り」で首が回らない。一方、経営が悪い状況を正直に話そうとしたがらない。中嶋は、その理由を知っている。

「資金繰りの本当の苦しさは経験した者にしか分かりません。『不渡りを出さないように、出さないように』と、背中から内臓をわしづかみにされる感覚です。『命をすり減らす』と言いますよね。あの表現が的確です。そんな思いをしたことがありますか？」

危険な兆候を感じる相談者もいるという。中嶋は必ずこう声を掛ける。

「『資金繰りで迷惑をかけてはならない』という不安に押し潰されて、自殺を選んではいけませんよ」

中嶋自身、この言葉で命を救われた。当時のメインバンク、旧住友銀行の法人部長の言葉だ。

「中嶋さん。『身を捨ててこそ、浮かぶ瀬もあれ』ですよ」

中嶋はハッとした。債権者対応は社長自らが行い、保証責任は全財産をもって行う――。こう考えるとスッと気持ちが楽になった。最悪の結果でも「ゼロからのスタートでいいんだ」と思えたことが、救いであった。身を捨てたからこそ、浮かんで浅瀬に辿り着くのだ。何かを得たければ、何かを捨てるしかない。それが「自分事」である。

経営改善チームは、経営者との相談で必ず倒産シミュレーションを行う。「このまま何もせずに潰れたらこうなる」「今、改善に取り組めば、こうなる」と未来を見せる。

そして家族を呼んでもらい、すべてを開示させる。苦しい経営者は、家族に打ち明けないことが多い。深刻化してから事態が露呈し、家族からも責め立てられる。経営者を一人で戦わせてはいけない。家族一丸でスクラムを組むことが企業支援には必要だ。

「金融機関には絶対にウソはつかず、誠実に対応してください」と、中嶋は念押しする。

中嶋は自らの経営破綻で、40億円近い回収不能債権を出したため、その責任を取らされて左遷させられた銀行担当者を見てきた。

「私は、その人の人生も狂わせてしまった。本当に申し訳なく思っています。せめてもの罪滅ぼしという思いです」

現場を走り回る中嶋は、地域金融機関に警鐘も鳴らす。

「地域金融機関は企業の病名を特定し、『改善しなさい』と指摘するだけなのが、なんとも残念です。病名の特定だけなら、人工知能（AI）でもできます。経営改善支援という治療から逃げてはいけません」

「ゾンビ企業」などない

「経営改善支援をやってきて言えるのは、『ゾンビ企業』など見たことがないということです。改善余地があるのに経営支援を行っていないだけです。特に取引金融機関は、経営改善支援を行えば、債務者区分のランクアップによる引当金の戻り益が発生するにもかかわらず、どうして傍観しているのかと申し上げたい」

地域金融機関が「他人事」として傍観しがちなのは、引当・保全された債権は「問題処理済み」として取り扱われるからだ。

しかし、人口増加を前提としたこの「他人事」は、もはや通用しない。人口減少の地域で傍観しているだけでは、地域の金融機関も中小企業も、共に滅びを待つだけだ。

トータルプレーヤー不在と半端者天国

コロナ禍と資源高で財務・事業が傷んでいく中小企業を目の当たりにしている中嶋が、今、最も苦慮しているのは、企業支援の「トータルプレーヤー」の育成だ。財務は分かるが事業は分からない、もしくは事業は分かるが財務は分からないという「半端者」がほとんどなのだ。これを解決する有効な手だてを国は打ち出せていない。

企業のホームページ作成、飲食店のメニューづくりや内装コーディネートなど、支援が細分化、専門化し過ぎてしまい、企業にとって経営全般を相談できる相手（トータルプレーヤー）が極めて少ないのだ。

「まずはチームワークでやっていくしかないです」と話す中嶋は、全国を飛び回る。国が中小企業の無料相談窓口として設けている「よろず支援拠点」、保証協会、中小企業活性化協議会に協力を精力的に呼びかけている。中嶋に呼応して地域ごとに連携の機運は醸成されている。ただ、スピード感はまったく足りない。

だが、周回遅れだとしても、補助金事業などで後押しし、「企業支援のトータルプレーヤーの育成」に本腰を入れるべきだと中嶋は強く主張する。

その具体策は「経営顧問制度」だ。企業に入り込み、財務から事業全般、労務、福利厚生、人事まですべての経営相談に応じる「自分事」の現場を経験させながら、トータルプレーヤーを一人でも多く育成していくことが急務だ。企業が自力飛行できるようになるまで、トータルプレーヤーの顧問料に国が時限的な少額補助を行うことを真剣に考えてはどうか。

第9章 「リレーションシップ・バンキング」の実践

「科学」としての「リレーションシップ・バンキング」

金融庁から「リレーションシップ・バンキング（リレバン）」の概念が世に示されたのは、2003年である。

当時は「不良債権処理」が、金融行政の最大のテーマであった。「リレバン」も、中小企業が金融機関による貸し渋り・貸しはがしなどで、不当な不利益を被らないように打ち出されたものだった。

ここにボタンの掛け違いが生じた。「人口減少時代の地域金融の新たなモデル」として打ち出されたものではなく、金融機関の規模の大小や地域の特性も考慮しないものだった。

金融機関が顧客ともつ関係性（リレーションシップ）は、一様ではない。たとえば、以下は、金融機関の法人担当者が一般的に受け持つ企業数だ。どれがどの金融機関だろうか。

①担当者1人が企業1社をカバー
②担当者1人が20〜40社をカバー
③担当者1人が150社をカバー

①は、メガバンクである。メガバンクは、主要取引先の大企業に対して、1人もしくは

少人数で1社に対応する。メガバンクの法人担当は、担当先の企業に深入りし、経営戦略、予算、商品・サービスはもちろん、人事、将来のトップ候補、新規事業などに関しても情報収集を行う。これこそリレーションシップによる付加価値営業だ。

②は、信金・信組である。信金・信組は、営業エリア、さらに企業の規模が制限されている。このため、受け持つ企業数はしぼられ、1カ月に1回程度は訪問できる数で、お互いに見知った関係性を築くことができる。

③は、地域トップの地銀だ。なかには1人200社弱という地銀もある。これでは、担当者にいくら「思い」があっても、1カ月1回どころか、数カ月に1回も訪問できない。

とくに地銀においてすべての顧客への密着取引は、そもそも物理的に実現可能なモデルではなかったのだ。今求められているのは、個人レベルでも組織的にも実現可能な形で「リレバン」を再解釈すること、すなわち「リレバンの科学」である。

対象をしぼる

地銀に突きつけられている現実は厳しい。営業担当者が顧客企業に接する十分な時間を大胆な業務効率化でつくり出せなければ、付加価値など提供できない。上場地銀の場合は、成長を通じて株主ガバナンスとも向き合わなくてはならない。

「前に進むには、何かを後ろに置いていかねばならない」

映画「インターステラー」の中で、アイザック・ニュートンの「運動の第三法則（作用・反作用の法則）」について述べたセリフだ。「限られた時間で付加価値を提供するサービス」を目指すのであれば、「何をしないのか」を決めなければならない。

多くの地銀にとって、リレバンの科学とは「対象をしぼる」ことから始まる。

すべてを同時にやろうとするから、時間の制約が立ちはだかる。着手はしたものの中途半端に終わるのは、本当のところ「時間に敗れる」からだ。「対象をしぼる」からこそ、相手や対象に「関心を持つ」ようになる。「関心を持つ」からこそ、「自分事」になる。

しぼる→関心→「自分事」

しぼらない→無関心→「他人事」

優先順位をつけてしまえば、退路は断たれ、「自分事」にせざるを得ない。

まったく矛盾しているように思える興味深い法則がある。「しぼる」からこそ、「数もこなせる」という逆転も起きるのだ。地域金融の現場には「しぼる」ことで数をこなしている達人たちがいる。

豊和銀行の「Vサポート」

「リレバンの科学」を実践してきた地域金融機関の一つが、大分県の豊和銀行だ。

豊和銀行の「Vサポート」は、2016年11月に本格スタートした。

Vサポートとは、業況の厳しい企業を中心に、企業のサービス、商品の販路を開拓して、売上の増強を支援する取り組みである。

豊和銀行は2014年3月の公的資金による資本注入で、翌4月から中小企業の経営改善計画策定を前提として資金を出す「経営改善応援ファンド」を運用していた。しかし、「資金供給」だけでなく、企業の「経営課題」そのものを解決しなくては、本質的な経営改善は難しい。この問題意識からVサポートは生まれた。

豊和銀行は、Vサポートを「預金」「融資」と並ぶ「第3の本業」と位置付け、すべての部店長を「Vサポート責任者」、渉外・融資・預金（窓口）の全職員を「Vサポート担当者」とし、支店及び個人の業績評価、人事考課にも、Vサポートの実績を反映している。

2016年6月には担当部署「お客さま支援部」を本格始動させた。

Vサポートは、企業経営者の話の傾聴から始まる。ヒアリングシートを共同で作成し、売り手である企業の「強み」と「弱み」を明確にする。非財務情報も含めて共有し、企業と銀行が経営課題への目線を合わせるのが目的だ。

Vサポートを最も特徴付けるのが「取扱商品・サービス説明会」だ。役員・全店の部店長など総勢約140人を前に、売り手企業の経営者自らが、1人30分間で自社の商品・サービスの内容や買い手企業の課題解決にどう役立てられるかについてプレゼンテーションを行うのだ。

経営者が商品・サービスの「強み」と「弱み」を語り、行員が頭にたたき込む。「営業店が『買い手ニーズへどのようにつなげるのか』を考えるために不可欠な時間です」（お客さま支援部の渡邉寛部長）という。

多くのビジネスマッチングは、売り手と買い手の商談成立で終わる。しかし、Vサポートは異なる。渡邉は語る。

「経営課題は、何も売り手だけにあるのではありません。買い手にもあります。従業員の負担の軽減措置、業務効率化、他社との差別化、生産工程とマーケティングの見直しは、買い手にとっても頭の痛い問題です。売れれば良いという単なる『モノ売り』ではなく、売り手、買い手、そして銀行の3者における継続的な『共通価値の創造』こそがVサポートの真の目的なのです」

「機能」を新たに見直す——カスガ水産

大分県津久見市で冷凍マグロ加工を手がけるカスガ水産は、豊和銀行のVサポートを受けている事業者だ。

三木東海雄が１９９２年９月に設立し、２０１０年から息子の繁が社長に就いた。社名の由来はマグロ漁船「カスガ丸」。親子ともに豊後水道に浮かぶ小さな島「保戸《ほと》島」のマグロ漁師であった。保戸島は、明治時代は１５０隻ものマグロ漁船が往来したというマグロ漁の一大基地であった。

しかし、津久見の漁師が世界中の海でマグロ漁をしているのに、マグロは首都圏などに送られ、津久見では水揚げされない。津久見でマグロを口にできるのは、漁師の家族や親戚などごく一部の人々に限られていた。「もっと気軽にマグロを食べてほしい」との思いから、三木親子は陸に上がった。元漁師だからこそ、マグロの目利きで勝負ができる。

マグロの「ねぎとろ」（「たたき」）は、マグロ選びからこだわり、練り込み時間、脂分の配合について研究を重ね、手作業による筋取りで丁寧に処理している。

取材当時、カスガ水産の担当者は、津久見支店の入行5年目、山夲《やまもと》航平であった。

2021年3月、カスガ水産は本社屋を移転し、売上拡大に向けた体制を整えていたが、コロナ禍で設備稼働率が大きく落ち込んでいた。山夲は課題を整理して、お客さま支援部と共同で提案を考えることになった。

着眼したのは、カスガ水産の「機能」であった。存在するのは、「冷凍マグロ加工事業者」ではなく「機能の複合体」だ。「機能」をまったく新しい視点で見つめ直すと、「超低温冷凍庫」と「冷凍物流」に「強み」があった。これを生かせないだろうか——。思案の末、冷凍食品加工事業者との連携を実現させた。

この事業者は、自家農園で原材料を生産するなど品質には定評があったが、輸送コストを考慮すると「小ロットの注文」には応えられないのが課題であった。ここにカスガ水産の冷凍物流機能を組み合わせることで、カスガ水産の販路である宿泊・飲食業、スーパー、道の駅などの小売業、催事などに冷凍焼き芋を展開できるようになった。同様に冷凍ピザ・パンメーカー、冷凍巻芯（巻き寿司の芯となる具材）メーカーとも組み、それぞれ販路拡大につなげた。冷凍庫の稼働率も上げた。

「お客さまのお役に立つことを常日頃意識しています。感謝されることが銀行員としての一番の喜びだからです」と山夲は語る。

取材日は２０２１年11月９日。山夲は、この２日前の７日に結婚式を挙げたばかりの新郎であった。挙式では、マグロの解体ショーを催し、大喝采だったという。解体ショーを披露したのは、もちろんカスガ水産の繁社長だ。濃密な「リレーションシップ」がうかがい知れる。

「売り手の経営資源・特性」と「買い手のニーズ」の新結合——つるさき食品

大分の高校出身者なら「サンチー」と言えば、知らない者はいない。30年ほど前から大分市内の高校で販売され、大人気の「三角チーズパン」を作ってきたのが、つるさき食品だ。

こんがりと優しく焼き上げられたメロンパンのような甘みの三角の食パンがサンドするのは、ほんのりと塩味のきいたチーズクリーム。甘みと塩味が絶妙に溶け合い、カリカリの食感と濃厚なチーズクリームは、大分の高校生にとって忘れられない味だ。

つるさき食品は、仕出し弁当業者である。

２０１７年の台風18号の被災で、津久見市が運営する給食センターが稼働不能となった。

さらに各学校の給食保管場所も被災したと豊和銀行に相談が寄せられ、Vサポートとして支援に乗り出すことになった。

津久見市教育委員会からは「生徒1100人分の弁当の提供」「極力安価（380円）で」「被災家庭の保護者の苦労を軽減したい」「各学校の職員室まで搬入」との要望があった。

首尾よく、つるさき食品とのマッチングが成立した。2カ月間、配送業務を続け、市教委、保護者、生徒からは感謝の手紙が届いた。

しかし、Vサポートはこれを「感動物語」で終わらせなかった。学校給食が再稼働すれば、一時的な利用で終わってしまう。どうすれば継続商流にできるのか。

Vサポートが目をつけたのが、これまで保育園向けに提供していたケータリングサービスだ。これを幼稚園にまで広げることはできないか――。

早速、地域の幼稚園にヒアリングを行ったが、残念ながら弁当・ケータリングのニーズはない。「園内調理による食育」に取り組んでいたためである。しかし、ここでVサポートは引き下がらない。深掘りして傾聴すると、別の課題が浮かんできた。

幼稚園は、管理栄養士の確保が難しいため、「献立表・レシピ」をつくる負担で悩んでいたのだ。人手や時間のかかる食材調達も負担となっていた。

そこでVサポートは、保育園で展開していたケータリングサービスのプラットフォームに着目し、「献立表・レシピの作成」と「人数分の食材のピッキング」、さらに「月初に決めた人数分の食材を毎日納品する」という付加価値サービスを提案した。

当初の提案がうまく行かなくても、こちらの都合に拘泥せず、買い手のニーズを掘り起こし、売り手の経営資源・特性を踏まえて、新結合させる。これが共通価値の創造だ。コロナ禍、資源高で苦しむ企業の支援で求められる「ＳＮ（シーズニーズ）変換」（自社の特性というシーズと顧客のニーズを新結合すること）だ。

「機能の棚卸し」

カスガ水産とつるさき食品の事例は、企業支援において本質的な示唆を与えてくれる。それは、業種名、カテゴリー名に囚われて、支援の限界をつくらないということだ。「冷凍マグロ加工事業者」「仕出し弁当業者」という、金融機関の都合で分類した業種、カテゴリーの概念に囚われてしまうと、業種の範囲内でしか支援を考えられない。

たとえば、「冷凍マグロ加工事業」をどう支援するか、と問われれば、ほとんどの者は

「冷凍マグロの販路をどう広げるか」「加工プロセスをどう改善するか」という発想しか浮かばない。

しかし、冷凍マグロ加工事業者の「機能の棚卸し」をしてみると、「マグロを競り落とす機能」「冷凍マグロを運ぶ物流機能」「超低温冷凍庫機能」「加工機能」という各種の機能に分類できる。

このうち「物流機能」と「超低温冷凍庫機能」は、マグロ以外の要冷凍商材を扱うことで、収入増強に活用できる。この場合、「運送業」であり、「倉庫業」でもあるのだ。真の企業支援とは、「業種業態別の一般特性」を理解した上で、「個別企業の特徴を尊重した業種に囚われない事業構想」を提案することだ。

豊和銀行のＶサポートの秀逸さは、まさにここにある。

「支援先」だけでなく「販路開拓先」からも収益を得る

Ｖサポートは、収益面でも豊和銀行の業績に貢献するようになった。成功報酬型の手数料を豊和銀行が受け取る。しかし、それは主目的ではない。

売上が増えれば、業況改善で、企業の返済能力が高まる。そうなれば、銀行の貸出債権は質的に改善する。債務者区分がランクアップすれば、引当金の戻り益がある。

売上増加は、原材料の仕入れ、雇用拡大につながり、増加運転資金、設備投資の資金需要に波及する。さらに買い手側でも、新たな設備機器の購入、生産ラインの整備などで借り入れ需要が発生する。これらが豊和銀行の貸出増加につながる。

着目すべきは収益につながった融資額の内訳だ。資金ニーズに応えたVサポート関連融資額は、２０２２年９月末で４５８億２００２万円。うち売り手向け貸出は39億６７６８万円で、大半は買い手向け貸出の４１８億５２３４万円だ。つまり、「支援先（売り手）」ではなく、「販路開拓先（買い手）」での貸出を増やしたのだ。

リターンを得る先は本来、どこでもいいはずだ。支援した企業からすべて回収できずとも、その販路先から収益を確保できれば、何の問題もない。これも「リレバンの科学」に必要な視点だ。

地域2番手の金融機関の戦い方

「支援した企業から稼がなければならない」と拘泥してしまえば、無理な押し込み融資や顧客本位ではない商品・サービスの押しつけが起こりかねない。Vサポートは、「販路開拓先の課題をも解決することで、サプライチェーン全体から収益を確保する」と大きく構えることで、無理のない「リレバンの科学」を目指している。

Ｖサポートは敢えて、支援対象を１００アイテム（サービス・商品）程度に限定している。

１人の人間が管理できる数には限りがあるからだ。英人類学者ロビン・ダンバーの提唱した、見知った関係の人の数である「ダンバー数」は１５０程度が上限とされる。支援対象が１０００や２０００になれば、もはや管理不能だ。

１件あたりの融資額は１０００万〜２０００万円台が多く、銀行取引では「小口案件」となる。そのすべてが課題解決を伴う「手づくり案件」だけに、同行の融資全体の平均貸出金利に比べ、金利は１％程度高い。これは驚くべきことである。ライバルの地銀も、１０００万円の借入需要をさらなる低金利提案で奪うためにわざわざ人手を送り込まない。億単位の貸出ロットでなければ、コストに見合わないためだ。豊和銀行のＶサポートは、「地域２番手の金融機関の戦い方」のヒントになる。

２０２２年９月末時点で、Ｖサポートが創造した売上高は、トータルで24億３７００万円。98件のＶサポート契約を結び、このうち95・９％が販路を拡大させている。「売り手」

と複数の「買い手」を結ぶ通称「赤い糸」は１５９１本で、「買い手」の数は１１４７件なので、おおむねＶサポート契約先（98件）の11・7倍に相当する「販路開拓」に成功していることになる。

「ワーストバンク」の常連行

豊和銀行頭取の権藤淳《あつし》は、東大法卒で旧三和銀行（現三菱ＵＦＪ銀行）出身だ。２００９年、ＪＣＢから、縁もゆかりもない大分の豊和銀行に移った。

当時の豊和銀行は、経済週刊誌の地銀特集では「ワーストバンク」の常連行であり、経営危機に瀕した時もあった。

権藤は営業現場の実態を知った時、言葉を失った。厳しい経費節減で営業店の照明は消され、老朽化した建物の補修・改築は許されず、それでも懸命に働く行員たちの姿があった。取材でこの話に触れた時、権藤は、こみ上げるものを抑えるように目頭を拭った。

Ｖサポートは敢えて支援対象を絞りながら支援企業の売上を着実に伸ばし、取引先（買い手）の課題解決にまで踏み込んだ。しかも、こうした一連の活動を、新規融資など銀行の業績にも結びつけ、顧客企業との共通価値の創造を実現する「リレバンの科学」にこだわり抜いた。権藤は語る。

「共通価値の創造とお客さま本位の業務運営への組織カルチャーの変革、さらには短期的な成果ではなく、長期的視点の取り組みがどうしても必要です。これこそリレーションシップ・バンキングだと考えています」

　徐々に表れている実績は、行員たちの自信、そして行動変容につながっている。

自転車通勤の頭取

大分市内の繁華街にある海鮮料理屋「海坊主よっちゃん」は、権藤の行きつけの店である。大将の秦喜博は、毎朝、漁船を操り、その日、料理に出す分の魚を釣ってくる。

　２０２０年４月、コロナ禍で初の緊急事態宣言が出され、少しでもできることをしようと店内の除菌の相談を豊和銀行に申し出た。すぐにVサポートのチームが動き、市役所から除菌用アルコールの購入資金の援助が下りた。商店街の取り組みには、メディアも集まり、地元テレビにも取り上げられた。

　一時は、店を閉じることも考えたが、家族と相談し、閉店という選択肢を捨てた。同時に火事場に乗じて、闇雲に「コロナ融資」を貸し出そうとしない豊和銀行の姿勢に共感した。

「コロナ禍は、金融機関の経営の本質をあぶり出しました。甘えや弱みにつけこんだりするという本質です。同時に自分を見つめ直すこともできました。豊和銀行は、お知恵をいただくブレーンです。権藤さんは店に来られる時は必ず『今日は何人、お客様が来てますか』『どんなご関係の方ですか』『何を注文されましたか』『東京はこうだったが、大分はどうですか』と、つぶさに聞かれます。『社会を見る窓』としてウチを利用されている。こうした店の小さな経済が大きな経済につながっていることをご存知なのだと思います」

「海坊主よっちゃん」の脇に1台の自転車がぽつんと置いてある。店を出た権藤は、さも当然のように「それじゃ、また」と、自転車にまたがった。権藤は自転車通勤なのだ。

自転車を漕ぎ、夜道に消えて行く銀行頭取の後ろ姿に、組織を変革できる真の経営者の姿を見た。

第10章　「銀行の常識」を捨てた銀行

「銀行卒業」の先駆者――北國フィナンシャルホールディングス

異次元の改革を進め、いちはやく旧来の銀行像から「卒業」しようとしているのが石川、富山、福井の北陸３県を地盤とする北國銀行を傘下に持つ北國フィナンシャルホールディングス（ＦＨＤ）だ。

２０２１年10月、持ち株会社の北國ＦＨＤに移行して以来、株価は２倍以上に上昇した。それまでも自社株買いを積極的に続けていたが、とくに市場から評価されたのが、２０２２年４月発表の「中長期経営戦略２０２２」で打ち出した資本効率改善策であった。この戦略策定に関して、助言契約を結んだのが、ありあけキャピタルであること、その際の資本効率改善策の内容については、第３章ですでに述べた。

この経営戦略では、「次世代版・地域総合会社」を掲げ、グループ全体に占める「銀行収益」を半分以下とし、カード・リース・コンサルティングなどの「新事業収益」が収益の過半となる中長期の収益計画も公表した。

つまり、「銀行中心の金融持ち株会社」を卒業し、「金融機能も持ち合わせる持ち株会社」に生まれ変わろうというのだ。銀行業界に参入する異業種は数あれども、銀行業界から他業種に打って出た例はない。そのファーストペンギンの最有力候補が、北國ＦＨＤだ。貸出残高を低金利で競い合う「伝統的銀行モデル」は、「人口増加時代」だからこそ通用した。「人口減少時代」は、より高い「付加価値の提供」と「生産性の向上」が求められている。それに応えるためには、「伝統的銀行モデル」からどういう形で卒業するのかが鍵となる。

邦銀初、勘定系システムのクラウド化

２０２１年５月３日、北國銀行は、勘定系システム「BankVision（バンクビジョン）」をマイクロソフトのクラウドサービス「Microsoft Azure（マイクロソフト・アジュール）」に移行した。リアル店舗を持つフルラインナップの銀行が「勘定系システムをクラウド化」したのは、メガバンクを含め、北國銀行が初めてだ。

勘定系システムとは、預金や融資、顧客取引の基幹系システムの中核だ。銀行システムの心臓部に位置付けられる。預金を引き出したり、入金したりすると瞬時に、現金自動預払機（ＡＴＭ）でもインターネットバンキングでも店舗窓口でも情報が同期されるのは、勘定系システムのおかげだ。

２０１９年９月に、すでに個人向けインターネットバンキングはクラウド化しており、勘定系システムに続き、２０２６年３月期までに、サブシステムの法人向けインターネットバンキング、ＡＴＭ、顧客管理、融資、人事など、ほとんどのシステムをクラウド化する予定だ。

クラウドとは、米ＩＴ大手がネット上に構築したシステムであり、その一角を貸し出すサービスだ。巨額投資で大規模なサーバーを構築し、セキュリティー、保守・運用、開発を担う膨大な人材を抱えることができるのは、巨大企業に限られ、アマゾンの「Amazon Web Services（ＡＷＳ）」、グーグルの「Google Cloud Platform（ＧＣＰ）」、そして北國銀行が採用したマイクロソフトの「Microsoft Azure」の実質3強体制だ。

24時間３６５日、数千人体制で保守、管理、セキュリティー対策を続けている。サービスの更新も短時間で可能で、顧客の利用状況を人工知能（ＡＩ）ソフトで解析し、顧客サービスに反映させることもできる。

システムは「コストセンター」ではなく「戦略の要」

現代の企業組織にとって、「システム」は決定的に重要な「戦略の要」だ。営業、顧客データの管理はもちろんのこと、出退勤、各種申請、情報連絡などの内部管理も、システム抜きには成り立たない。にもかかわらず、銀行業界は、システムを長らく「コストセンター」（コストだけが集計され、利益は集計されない部門）として位置付けてきた。システムに詳しい人材も育てず、システム戦略を「ベンダー丸投げ」としてきた。

地銀の場合、一般的に資産規模が5兆円程度なら、10年間で500億円規模のシステムコストが発生する。「1年あたり50億円」の計算だ。中堅地銀の利益水準では、「利益の半分」にも及ぶ「膨大なシステムコスト」を支払っていることになる。損益インパクトを鑑みれば、地銀は「システムコストを支払うために働いている」とも言える。

こうなると、地銀がシステムコストを削減しようと志向するのは当然で、地銀業界ではシステムの共同化が進んだ。システム開発費を少しでも減らすためだ。

しかし、ここに落とし穴があった。共同システムにおいては、その盟主の座にある銀行の承認が得られなければ、その他の銀行は、自らの戦略を実現するための新たなシステムを開発できないのだ。「戦略の実現」よりも目先の「コスト削減」を優先したツケである。

システムコストが数十分の一に

その点、クラウドは画期的である。レンタルスペースのような「従量課金制」であるから、これまで「固定費」としていた「システム費用」が、使った分だけ支払う「変動費」に切り替わる。これによって「損益分岐点」を大幅に改善しやすくなる。

ある金融サービスを提供する場合、想定顧客数を10万人とするのか、１００万人とするのかによってシステムコストはまったく異なる。クラウドなら、利用状況を見ながら、その都度、サービスを柔軟に拡張・縮小できる。

多くの銀行が長年使ってきたメインフレームは、物理的にサーバーを隔離する「安全性」を売りとしていたシステムだ。しかし、「安全性」と「利便性」は常にバランスを問われる。「安全性」を過剰に追求すれば、「利便性」を犠牲にすることになる。

北國ＦＨＤは明らかにしていないが、すべてのサブシステムがクラウドへ移行、内製化することによって、システムコストは数十分の一に削減できるようだ。銀行の利益の半分程度をシステムコストに費やしていた従来と比べれば、まさに「革命的」である。

また、メインフレームは独自言語を使用するため、相次ぐ仕様変更の結果、僅かな技術者しかシステムの状況が分からなくなってしまう。これを業界用語で「スパゲッティ状態」と呼ぶ。複雑に絡み合ったグチャグチャの状態だ。これがシステム更新、開発のコスト高の温床となり、ベンダー依存の「ベンダーロックイン」を招いた。

ベンダー丸投げでやってきた銀行業界がベンダーから「カモられる構図」を初めて突き崩したのが、北國銀行の勘定系システムのクラウド化だ。

「人がやるべき仕事」に人を戻すためのクラウド化

北國ＦＨＤのクラウド化プロジェクトにかかわったマイクロソフト関係者は、こう語る。

「クラウド化の本質は、本来、人間がやるべき仕事に人を戻すためのものです。人が注力すべきことに使う時間をつくる目的で行うものです。データをもっと有効活用すれば、銀行の経営自体を効率化できます。そうなると、地域金融機関は、もっと顧客とじっくりと向き合ったり、最適な解決策を見つけ出すための時間をつくりだすことができます」

２０２１年は、銀行業界の勘定系システムのクラウド元年であった。ソニー銀行が「ＡＷＳ」へ移行する計画を公表した。ふくおかフィナンシャルグループ傘下で、デジタルネイティブ世代向けの新しい金融サービスを提供する「デジタルバンク」を標榜する「みんなの銀行」は、２０２１年5月28日に開業したが、勘定系システムには、グーグルの「Ｇ

ＣＰ」を採用した。

紀陽銀行はすでにクラウド化し、山梨中央銀行もクラウドに移行する予定だ。ＮＴＴデータも地銀向けメインフレーム「ＭＥＪＡＲ」をオープンシステムに切り替え、２０３０年のクラウド化を目指す。

近隣の地銀同士が経営統合する「規模拡大」の銀行モデルがこれまでの常識であったが、今後は「付加価値」を競う戦いとなる。

北國ＦＨＤは、さらに先行する。企業がアプリなどでより快適に利用可能で、データ活用によって顧客起点のさらなるサービス向上に資する「次世代地域デジタルプラットフォーム構築」の共同プロジェクトを検討している。単一のクラウドに依存する「クラウドロックイン」を避け、安全性も高度化させながら、Ｗｅｂ３へのシステム対応も視野に入れる。マルチクラウドによる「フルクラウド金融サービス」を目指すのだ。

将来的には、システム、コンサルティング、市場運用など、北國が磨く機能を外部の金融機関に提供する構想も浮かんでくる。「重複する店舗や部署の統廃合」など、「生産性向上」も「イノベーション」も大して生まない「旧式の地銀再編」を超え、真の付加価値の向上を伴う新たな「地銀有志連合」の形だ。

自前の開発部隊

北國FHDは、自分の頭で考え、自分の足で立つ道を敢えて歩んできた。自前のシステム開発部隊を育成し続け、その数、現在140人規模に及ぶ。2019年にはシステム子会社「デジタルバリュー」を東京に設立した。

銀行のシステム開発では、最初に決められた要件を工程通りに終わりまで続ける「ウォーターフォール型」の開発手法が一般的だ。しかし、北國FHDは、軌道修正をしながら、短期間で開発を進める「アジャイル式」を採用している。これが、「システム戦略」で他の銀行を圧倒している最大の理由だ。

退職金廃止のプロ集団

プロフェッショナル集団を目指すならば、組織・人事改革も常識に囚われてはいけない。北國FHDは2021年4月から、人事評価も変えた。「キャリアレビュー」の導入だ。短期、中長期で、会社や地域にどう貢献するのかという目標を定め、定期的に達成度合いを振り返る。内発的動機に基づく自律的な成長がなければプロ集団にはなれないからだ。

続いて2022年3月に実施したのが、グループ全社員を対象にした「退職金廃止と前払い制度の導入」である。

退職金を廃止する代わりに、従業員の退職金相当額を分割して、毎月の給与支払いに「キャリア支援金」として上乗せした。結果、若手の賃金カーブは上昇した。初任給は、これまでの20万5000円から24万円に増え、キャリア支援金込みだと、26万円ほどに上がった。

銀行の一般的な給与制度は、若手は低く、年配になると高くなる。これでは、パフォーマンスが低下したとしても、年齢を重ねるほど会社にしがみつきたくなる。中途キャリアは、たとえ能力があっても正当に評価されることはない。こうした組織文化が残るかぎり、「付加価値」を提供するプロ集団には到底なれない。

毎日、決められた場所に出勤することだけで評価された働き方の時代は終わった。北國FHDの新たな賃金体系は、「勤続年数連動型」ではない。「個人の成長・地域への貢献度合い」に応じるものだ。当然、実力ある中途キャリアの給与も上がる。

10年前まで、北國銀行も新卒一括採用のみであったが、すでに新卒とキャリア採用の比率は逆転し、キャリア採用の方が過半を占めるまでになっている。

また、管理職になったとしても学び直す「リカレント教育」を続けるのがプロ集団だ。ＭＢＡコースには、20代から執行役員までの三十数名が参加した。会社から２００万円の補助が出るが、残り１００万円は自腹を切っている。身銭を切ってこそ、人は「自分事」として取り組むからだ。こうした人材の中からも執行役員が登用されている。

「エリア総合職の廃止」「パート従業員の希望制正社員化」も、これまでの銀行の常識を捨て去るものだ。

プロジェクトベース

隣の部署、隣の支店で何をやっているのかまったく分からない縦割り組織が銀行だ。縦割り仕事で、最も権力を持つのは、各部署の情報を一手に握る中間管理職である。情報をどう使うのかを決める中間管理職が社内政治の陰の権力者なのだ。これでは「社内政治にまみれた銀行」であり続けるしかない。

北國ＦＨＤでは、生み出されたアイデアに対し、部署を超えて参画し、練りあげていく「プロジェクトベース」で仕事を進めている。

マイクロソフトのビジネス用アプリ「Ｔｅａｍｓ（チームズ）」のウェブ会議機能を活

用し、プロジェクトごとに立ち上げられたウェブ会議での話し合いで、アイデアが温められ、肉付けされる。

誰でもプロジェクトに参加し、発言できる。必要に応じてリアル、オンラインの会議が開かれ、各プロジェクトで取りまとめられた案が、毎週月曜午前9時から本部で開催される戦略会議にかけられる。

60歳までの出向延長と給与保障

北國ＦＨＤは、２０２２年3月から「60歳までの出向延長プログラム」を開始した。移った先の企業の雇用条件とは関係なく、人物の能力に応じて、60歳まで北國ＦＨＤが給与を保障する。出向先の企業で、新たに社会保険労務士などの資格を取得したり、能力やスキルを向上させた場合は、それを評価し、給与に反映させる。

新たな制度は、本人のモチベーション向上につながり、受け入れ先の企業にも歓迎される。出向者への単純な手当支給ではなく、自己鍛錬と成長を通じて、地域貢献の人材を輩出するプロフェッショナル戦略の一環なのだ。

疑心暗鬼は時間の無駄

北國銀行は、次世代ＣＲＭ（顧客関係管理）システムの一部を石川県信用保証協会と共有し、「保証付き融資の手続き」の完全電子化を行っている。銀行がＣＲＭシステムを保証協会と共有するのは極めて珍しい。この狙いも「時間の短縮」にある。

書面や電話では、確認のために連絡しても、相手の担当者が不在であったり、伝言や電話の折り返しなどで無駄な時間を要し、融資実行までに数週間の時間がかかっていた。これを少なくとも数日間短縮できる見通しだ。

銀行のＣＲＭ、すなわち顧客情報を共有することは大きな意味を持つ。保証協会が北國銀行の企業支援の姿勢を確認できるからだ。これによって、これまで「保証付き融資の手続き」に要していた時間を企業の「経営改善支援」に充てることができる。

ちなみに、北國ＦＨＤでは、「次世代ＣＲＭ」とはもはや呼んでいない。ＣＲＭ、融資支援システムなど１００あまりのサブシステムを統合するためだ。「統合ビジネスプラットフォーム（Integrated Business Platform、ＩＢＰ）」（仮称）と呼称している。

ＩＢＰ移行後は、営業店の担当者にとって、顧客面談時間は１週間あたり計6時間以上、面談顧客数は11程度増えるという。

面談時間は、1カ月間で24時間超、1年間で約300時間、企業数は1カ月間で40〜50社、1年間で480〜600社増えることになる。

北國銀行は、「債務者区分」を取引先の企業に伝えるという銀行業界では前代未聞の取り組みも始めた。「正常先」はともかく、「要注意先」「破綻懸念先」と見なしていることも顧客企業に通知するのだ。

多くの銀行は顧客企業の格付が低ければ、取引姿勢は冷淡になる。そして格付情報は絶対に明かさない。北國銀行が格付情報を顧客企業と共有するのは、企業支援を継続していく一蓮托生の決意表明である。

「貸倒引当金」の計上基準も見直した。顧客との関係性（リレーションシップ）、事業の将来性を踏まえ、これまでの「貸倒実績率（金額ベース）」から「倒産確率（件数ベース）」に変更したのだ。

「過去の確率」しか見ない旧来の銀行ではなく、現在の顧客企業との関係性や事業性を踏まえて「未来」に備える。顧客の行動変容を銀行が信じることで、疑心暗鬼のコストを減らしていくのだ。疑心暗鬼は、双方の時間を浪費させ、生産性を低下させる。

第11章　ビジネスはコミュニケーションから生まれる

ゆたかなコミュニケーションを実践する京都信用金庫

自分たちの組織、コミュニティが目指すことに「無関心」な人々には、「行動変容」はできない。「無関心」からは「他人事」の行動しか生まれない。「自分事」の仕事と「行動変容」の出発点は常に「関心」にある。

京都信用金庫は「ゆたかなコミュニケーション」の実践を通じて、組織的に「関心」を掘り起こし、「経営」に結実させている類いまれな地域金融機関だ。

京都信金には、広報室や広報課はない。２０１８年10月に発足した「ゆたかなコミュニケーション室」が中心となり、メディアの取材対応や組織内外のコミュニケーションの円滑化、活性化に取り組んでいる。

多くの金融機関は、組織のコミュニケーションを現場任せにしている。

「退社時間を守らねばならないため、コミュニケーションを取る雑談の時間がなくて困っています」という現場の声があるが、これでは、「コミュニケーションの時間」よりも「退社時間」の方が大事になってしまう。

社内掲示板で現場同士がマッチング

京都信金は、コミュニケーションをイベント的な啓蒙活動で終わらせず、「組織活動」として日々実践している。

２００４年9月、独自開発した「ビジネスマッチング掲示板システム」の運用を始めた。コミュニケーション戦略を営業活動に落とし込んだ初めての取り組みであった。

取引先の事業者が必要としている販路、材料、人の紹介など、さまざまな悩みを支店の職員たちが次々に書き込み、共有する。最大のポイントは、「現場同士でのマッチング」だ。

現場から本部に情報を集め、マッチングするありきたりな中央集権型ではない。現場主導、現場起点で「寄ってたかって」（榊田隆之理事長）案件に取り組み、関わることに最大の意味がある。

京都信金ですら当初は、職員たちからの反発もあった。

「素人同士が情報交換しても、大したことないんじゃないか」と懐疑的な声だ。

「良いマッチングになればいいが、君は一体、どんな情報を上げるつもりなんだ」と、部下を管理しようとする上司も後を絶たなかった。

これに対し経営陣は、我慢強く訴え続けた。

「現場同士が自由に情報を共有したらええんや」

時間はかかったが、次第に掲示板の書き込みが増え始めた。自由な情報共有から思いもしない課題解決策を顧客に提案できるようになった。相互の「関心」と「コミュニケーション」による新たな協力関係が生まれたためだ。

今では、日に何度も掲示板をチェックするのが、京都信金の法人担当者の習慣となっている。出勤時、昼食の前後、外回りに行く時、職場に戻ってきた時、退社する時に掲示板に目を通すのだ。こうした習慣こそ「組織文化」である。

他の金融機関でも似た取り組みがある。しかし、中央集権型であり、現場主導ではない。そしてコミュニケーション戦略を欠いているため、機能していない。

京都信金の掲示板は、現場に情報を発信させ、現場で「いいね」ボタンをクリックさせている。フェイスブックとほぼ同じだ。つまり、面白い案件かどうかを決める主導権を現場に委ねるのだ。そうすることで、情報の発信者に「発信した内容以上の情報」が入ってくる。

本部が細部まで管理し、承認し、決定したがることが、現場主導の「関心」を失わせ、現場が「自分事」として行動変容する機会を奪うのだ。

組織の「こり」をほぐす

京都信金にも試行錯誤の歴史があった。

組織におけるコミュニケーションは、そう簡単に「ゆたか」になるものではない。コミュニケーションは血行のようなものだ。循環させるためには「こり」をほぐさねばならない。その試みの一つが、２００９年に開催した「ワイガヤサロン」であった。

業務終了後、みんなで集まり、「仕事と仕事以外のこと」を話す会である。経営陣も参加し、本部、全支店を対象として、月数回のペースで行った。

２００９年11月からは、所属部署を越えて動き、驚くべき（オモロイ）マッチング案件にかかわった職員をたたえる「ナイスマッチング賞」を始めた。これまでに表彰回数は１３０回を超えている。受賞者は、理事長の椅子に座って撮った写真が入った額が贈呈される栄誉に浴す。理事長はこうした表彰をブログ（現在は社内ＳＮＳ）で紹介する。

対話型組織を志向するようになった京都信金は２０１３年、「ダイアログ（対話）」を開始した。その狙い、いきさつを榊田は次のように語る。

「イノベーションを起こすには上意下達のピラミッド型組織から双方向でフラットな組織に変わらないといけません。京都経済同友会で学んだことを京都信金に取り入れました」

当時、金庫理事長であった増田寿幸《としゆき》は同友会の代表幹事、榊田は現理事長だが当時は専務理事で、同友会の「大学のまち・京都」を考える特別委員会の委員長を務めていた。そこでイノベーションを起こすための理論を学び、京都信金に導入したのだ。

当初の「ダイアログ」は、管理職、支店長クラスを対象としていた。目的は「とにかく、人の話を一生懸命に聞く」ことである。アクティブリスニング（積極的傾聴）の訓練だ。たとえば、「戦国武将で誰が好きか」「なすびときゅうりの違いは」という話題でさえ、相手の話にじっと耳を傾ける。

「しかし、ほんまに大丈夫かなあ、と思いましたよ」

当時を回想して、ある幹部は笑った。

２０１４年1月からは、各支店でも、「ダイアログ」が実施されるようになった。20人の支店であれば、5人ずつ4グループに分かれて、テーマを決めて自由に話し合う。相手の意見を否定してはいけない。意見をまとめ、お互いの意見や気づきを発表する。

「自分事」化のプロセスがダイアログ

これを継続した結果、今では、日常業務で生じるさまざまな課題への対処、顧客企業の抱える問題への対応でも、支店内で「ダイアログ形式」を活用するようになってきた。これこそネットワークや集団に宿る知性、すなわち集合知だ。

京都信金の本部でも変化が生じた。「上意下達の典型」となりがちな一方通行の「セミナー方式の会議」が減った。本部に集められた120人程の管理職は、グループごとに分けられ、「プロジェクトを達成するためにはどうしたらよいのか」を話し合う。寄ってたかって話し合うことで地域の課題、経営課題に各人が「関心」を持つようになり、それが一人一人の「自分事」となっていく。そのプロセスが「ダイアログ」なのだ。

榊田は次のように語る。

「私は本部と営業店という言葉が嫌いです。リスペクトしあうワンチームのはずですよね。本部から言われることを営業店が忠実に行うだけでは、いつしか人はものを考えなくなる。気がついたら内発的な発想ができない人になってしまいます。ですから、ピラミッド型組織ではなく双方向でフラットな組織に変わらねばならないのです」

「ノルマ営業」は「強制労働」と同じ

京都信金は２０１１年、大阪・門真《かどま》市に一切の「ノルマ」を課さず、ひたすら顧客の課題を解決するための店舗を出店した。それが門真支店である。

ちなみにノルマはロシア語で、「割り当てられる強制労働」のことを指す。「ノルマ営業」を課す金融機関は、本当のところ従業員の「関心」「考える力」を奪う「強制労働」を割り当てているのだ。

京都信金もかつては、個人の業績表彰を行っていた。営業の数字さえ出せば評価されたのだ。

「ノルマ」は、「顧客」と向き合わずとも達成できる。「売りつけ営業」は、相手に「無関心」という意味で、組織内の「丸投げ仕事」と本質的に変わらない。ただ、それで「地域」と「地域金融」は、今後、生き残っていけるのだろうか。

門真支店は、そうした問題意識から実験的に生まれた。

オープンしてみると、地域の事業者から大いに喜ばれた。何しろ、これまでの「ノルマ営業」とは違い、「事業者の困り事に金融機関がひたすら応じてくれた」からだ。「ノルマ」があるかぎり、金融機関は「顧客の声」「悩み」には本質的には応えられない。

京都信金でさえ、「ノルマ」を全面的に廃止することには腰が引けた。遂に「ノルマ廃止」に踏み切ったのは、２０１７年4月だ。店舗単位、エリアグループ単位では計数目標は残ったが、個人に課される「ノルマ」をなくしたのだ。２０２０年7月からは、グループでの業績評価も廃止した。

新たに導入した評価基準は2つ。①「個人が入力する活動目標シートを使った振り返り」と、②「３６０度評価」である。評価配分の割合は、「活動目標シート」70%、「３６０度評価」30%だ。

「活動目標シート」は、個人が四半期ごとに入力し、シートに基づき、所属長とのボスミーティングや同僚との１ｏｎ3ミーティングを実施して、職員同士の相互理解につなげている。3カ月後に活動を振り返り、その結果も踏まえて、次の四半期の活動目標を設定するというサイクルを続ける。

「３６０度評価」は、基本的に所属する部署の全員から評価を受ける。たとえば管理職の場合、「リーダーシップと資質」などの20項目について、5段階で部下からも評価される。

当然、特定の上司にゴマをすったり、同僚や部下、顧客をないがしろにして自分勝手な動きをする者は評価されない。

知性の交流

京都信金は、「知性の交流、継承」にも力を入れている。2019年7月からは「マイスター制度」を導入した。国の補助金制度の利用、接客、ビジネスマッチングなどが優れている人材を「マイスター」と認定し、複数の「弟子」がついて学ぶのだ。

2021年には「寺子屋制度」も開始した。本部の事務担当者が個別に組むプログラムメニューから、業務に関する知識やノウハウを学ぶことができる仕組みだ。

さらに2021年12月からは「支店長マイスター制度」も始めた。

主に1年目、2年目の新米支店長が、経験豊富な支店長に「弟子入り」して学ぶ制度だ。

支店長マイスターは3人。1人目は人望があり、一緒に働いた人が「良かった」と評するような支店長だ。腰が低く、人をまとめるのが上手な人物である。2人目は理系出身の支店長だ。客観的分析に定評があり、緻密な市場分析、数値的分析が得意な人物である。3人目はボス的な存在の支店長だ。部下からも「この人が言うのだったら、まあいいか」と自然と思わせるような人物である。

「支店長」という「何が正解か分からない仕事」に就く人間を孤独にさせないことが狙いだという。

２０００人の「ダイアログ」

「ダイアログ」も進化を続けている。

２０１８年6月に榊田が理事長に就任してから、職員全員（パート含む）による「２０００人のダイアログ」を実施している。

１日１００人前後をあつめ、４～５人ずつのグループに分け、経営方針や現場で起きている問題、仕事への文句など、１人5回以上発言し、累計１万に及ぶ意見を集めている。

ここから採用されたのが、「服装の自由化」である。特別休暇となる「バースデー休暇」、職員の子供たちが親の仕事を参観する「職場の参観日」、長時間労働をしない風土の定着と職場の満足度を高めるための「早帰り奨励手当」なども導入された。

人の時間をつくる仕事「ＢＯＣ」

京都信金の「ダイアログ」について、「そんな時間、どこにあるのか」と、他の金融機関の人間は思うだろう。

事実、金融機関の人間は日々、時間に追われている。営業、会議、報告と、目の回る忙しさだ。働き方改革で、夕方には職場を離れなければならない。京都信金とて同じだ。時間には限りがある。「ダイアログ」を行うにしても時間をつくらなければならない。

そこで京都信金は「時間の生産工場」を設けた。本店ビル6階フロアと外部1カ所に拠点を構えるＢＯＣ（バックオフィスセンター）である。

ＢＯＣは、現場の支店の細々とした事務作業を引き取って、一括処理する部署だ。金融機関の店舗では、入金、出金、振込、両替などの手続きという「膨大な窓口事務」が発生するが、店舗での事務作業を大幅に短縮することによって、職員が顧客との面談、接客に今まで以上の時間を割いて、本業支援などに取り組めるようにした。ＢＯＣは、いわば「縁の下の力持ち」的な存在だ。

まず２０１７年6月に預金ＢＯＣを試行導入、２０１８年2月から本格運用を開始した。その後も融資ＢＯＣ、相続センター、諸届センターと順次対象を拡大した。

ＢＯＣが引き取る主な業務は、新規の預金、解約、入金、出金、振込、公金収納、口座開設、カード発行・再発行、回収などだ。

さらに融資ＢＯＣでは、契約書や融資実行指示書、実行・回収オペレーション、事後処理、債権書類の入庫手続き、決算書登録、債務者区分、住宅ローンの不動産登録、相続センターでは必要書類説明、相続人の特定、口座の解約、名義変更、通帳類の返却、相続書類の保管を引き取っている。

相続手続きで「感謝の手紙」

なかでも店舗窓口での「相続手続き」は、とくに時間をかけなければならない。かけがえのない人の死に接し、葬儀、納骨など法事全般で忙しい顧客の時間と向き合うからだ。

しかし、午後3時までの営業時間中に窓口の担当者がかかりっきりになると、他の顧客を待たせることになる。担当者も顧客も閉店時間を気にして、じっくりと話などできない。

そこでＢＯＣが相続業務を引き取り、顧客の話を電話でじっくりと聞いて、時間を気にせずに対応できるようにした。

対面ではなく、電話対応にもかかわらず、ＢＯＣには、相続手続きの顧客から感謝の手紙が寄せられているという。なぜか。

それは、顧客にとっては対面、非対面という形式的な部分ではなく、どれだけ金融機関が自分の時間に寄り添ってくれたのかが重要であるからだ。

ＢＯＣ関連部署のメンバーは総勢90人。繁忙日は、預金ＢＯＣの処理件数は７０００件を超える。フロアには電光掲示板が設置され、ＢＯＣの業務集中状況をリアルタイムで表示している。

各店からデータがＢＯＣに送られ、１件の処理に４分以上かかると「遅延」とカウントされる。１カ月の平均処理件数は７万件だ。店舗窓口での「受付」が１日で７０００件を超えると、ＢＯＣメンバーの顔色も一変する。

電光掲示板に表示される業務負荷の状況に応じて、必要な部署に増援を送ることで、業務がパンクするのを防いでいる。

コロナ禍で、「ゼロゼロ融資」が増えた時期には、１日の総受付件数が１万６０００件（総額３０００億円）にも及んだ。

どの金融機関、保証協会も、平日深夜、毎週土日出勤で必死に対応したが、京都信金は違った。業務時間が異常に超過したり、休日出勤が常態化するような事態には陥らなかったのだ。店舗から本部に応援人員が随時派遣されたからだ。

「日頃、ＢＯＣに助けられている店の支店長が『ＢＯＣに恩返ししなければならない』と動いてくださったのです。ありがたいことです」とBOCの関係者は語る。人の時間を大切にしているからこそ、恩返しがある。

まちのワークインフラ

地域の金融機関は、地域のさまざまな企業の情報を最も知りうる立場にある。この「強み」を活かさない手はない。

京都信金には、2020年6月に設立された社内ベンチャー「京信人材バンク」がある。共同代表は、大学同期の矢野凌祐と新田廉だ。2人が設立動機を語る。

「働きたい人と、働いてもらいたい人を探している経営者のミスマッチをなくしていく『まちのワークインフラ』が必要だと思ったんです」

矢野は、母子家庭で育った。大学時代に奨学金制度を利用せざるをえず、400万円の借金を抱えて社会人となり、京都信金に就職した。

「なんで借金せなあかんねん。自分、悪いことしてへんのに」

当時の矢野は、不条理さに憤っていたが、次第に考え方が変わっていった。

調べてみると、学生の2人に1人は奨学金を借りていた。その根本原因である構造を変えなければ、同じことが繰り返されるだけだ。新田とは、たまたま同じ京都信金に入った。入社初日から作戦会議を開くことになった。

「母子家庭だとしても、母親がもう少し自分らしく、収入面でも良い条件での働き方をみつけることができれば、子供の奨学金問題も解決するかもしれない」

2人は現場経験を積み、本部に異動後、若手職員有志による改革チーム「コンパス」の結成にも携わる。それまでの業務経験と人脈により、入社時からの想いを経営陣にプレゼンすることが叶い、社内ベンチャーの設立が認められた。

「人材バンク」は、「地域密着型の人材紹介サービス」だ。外部の専門業者が作成した既存のデータベースは使わない。地元に根ざした信金のネットワークを駆使し、足で稼いだ人材情報を集めている。

紹介先の企業は、京都信金の取引先だ。紹介後の責任も「人材バンク」にある。だからこそ求職者の価値観、長所・短所を含めた「人となり」まで掘り下げて面接を行う。目先の紹介・成約件数を追わないのだ。

紹介先の企業経営者とも対話を怠らない。求職者に同伴して職場見学も行う。「日常の職場の雰囲気を感じてもらうことが、極めて重要なのです」と新田は語る。

「人材バンク」は、「地域完結型の副業・兼業のプラットフォームづくり」も目指している。２０２２年２月に、「複業（副業・兼業）」に興味のある人が交流するアプリ「まちごとオフィス」の運用を開始した。同時に、「複業人材」の紹介事業「まちのタレントバンク」も始めた。地域企業で月数回、「複業」をしてもらう取り組みだ。

副業で「住職」「サッカークラブGM」

京都信金は、起業にチャレンジした職員が仮に失敗しても5年以内であれば、戻ることができるアントレプレナー制度「京信アントレ・サポート」を２０１７年４月から実施している。さらに、２０２２年１月には副業を解禁した。早速、30代の男性２人が動いた。

１人目は、実家のお寺の住職を継いだ。これまでは空き時間で寺院を手伝っていたが、家業を引き継ぐため、「副業」として申し出た。

もう一人は、地元の名門サッカークラブ「京都紫光サッカークラブ」のＧＭに就いた。サッカーに情熱を燃やし、平日夜や土日をサッカーの時間に充てていたが、マネジメントとして関わることは、給与が発生するため、信金職員としてはできずに悩んでいた。それが「副業」として可能になったのだ。

こうした柔軟な生き方、働き方によって、これまで以上に、地域に根ざした人材が育ち、地域もより活性化していくはずだ。それは、地域金融機関にとっても、ビジネスチャンスが増えることにつながる。

特別附録　金融庁「業種別支援の着眼点」徹底解説

金融庁は2022年12月、コロナ禍、資源高で苦境にある中小企業に対し、金融機関が収益力改善の支援に取り組む際の「業種別支援の着眼点」（試行版）を発表した。この「特別附録」では、金融庁の意図と、その具体的な内容を詳細に解説していく。

金融行政の転換と「業種別支援の着眼点」

「業種別支援の着眼点」は、緊急度が高く、専門性や経験の難易度が中程度の企業を主な対象としている。興味深いのは、財務書面だけで「過剰在庫」「過剰人員」「過剰設備」と決めつける金融機関が陥りがちの「支援」とは、対極の内容であることだ。

これまでの金融機関の「支援」とは、「債務者区分」を下げず、不良債権を出させないための、あるいは「目先の返済可能性を高めようとする」ものだった。「企業の収益力改善」を目的としたものでは必ずしもない。

猛烈な資源高、相場変動において、在庫は貴重な収益の源泉ともなりうる。敢えて寝かせれば「ヴィンテージもの」として価格が跳ね上がる商材もある。人手がなくては仕事を受注できない。設備は元請け会社から発注条件として半強制的に導入や更新を迫られる。

つまり、「過剰在庫」「過剰人員」「過剰設備」ばかりが問題視されるが、この「過剰分」

は、状況次第で貴重な「経営資源」になりうるのである。

こうした「稼ぐこと」の現実を無視し、「正しい財務指導」をしてきたのが金融機関だ。かつての「金融検査マニュアル」通りに、財務上の「正しさ」や「健全性」をいくら追求しても、「稼ぐこと」につながるとは限らない。人口減少時代においては、企業を「指導し、罰する」のではなく、「栄養を与え、育てる」金融にシフトしなければならない。

かつては「金融機関の健全性」にのみエネルギーを注いでいた金融行政だが、２０１５年の森信親金融庁長官の登場以降、「企業・経済の持続的成長と安定的な資産形成等による国民の厚生の増大」を究極目的に掲げるに至った。

人口減少問題で、放置すれば中小企業という顧客基盤が崩れていく地域金融機関は「狩猟型金融」から「農耕型金融」への転換を迫られている。ならば、金融行政も地域金融機関の先にある中小企業問題に目を向けるのは当然の流れだ。

「業種別生態」と「個体特徴」

企業は千差万別だ。ゆえに、金融機関による事業支援は、その企業の「業種別生態」と「個体特徴」を踏まえたものでなければ意味をなさない。

観光客向けに付加価値の高い加工食材を売り、高い粗利をたたき出す淡路島の企業がある。業態は「小売・スーパー」だが、本質的には「食品加工業」かもしれない。

キーエンスのような「精密機器製造・販売業」というよりも、実質的には「課題解決提案型のコンサルティング業」のような会社もある。

　専門家レベルとは行かずとも、業態業種の大まかな傾向をつかみ、どこがどのように違うのかをヒアリングすることができれば、課題の把握と共有がスピードアップし、課題解決策の精度も上がる。それが「業種別支援の着眼点」の狙いだ。企業支援の第一線で活躍する実務家の知見をベースに策定された。

「業種別支援の着眼点」は、必ずこの通りに実践すべしというものではない。「貸せる／貸せない」の「融資審査」の目線とは異なる「収益力改善」の目線でまとめられ、「一般的な業種業界特性」を踏まえた上で、「個別企業の特徴」を把握する際、参考となるよう現場経験に裏付けられた知見だ。「検査マニュアル」のように画一性を求めるものでもない。地域性に応じて、必要ならば手が加えられ、地元企業の収益力改善のため、さらにブラッシュアップされていくことが期待されている。

　たとえば、夜行性で木登りが得意なジャガーに対して、「同じネコ科なのだからライオンかチーターを目指せ」というのは「支援」ではない。ただ、同じネコ科の動物には、ある程度の共通する「生態」がある。ジャガーを理解しようとするならば、それを知っておく必要はある、というわけだ。

　理念や抽象論では、現場で戦う企業支援担当者にとって物足りない。かといって専門家レベルのように難し過ぎては、習得に時間がかかり、「数との戦い」には間に合わない。難し過ぎず、抽象論に走らず、すぐに行動に移すことができる「ちょうどよい実践知」を当局が模索したことに意義がある。なぜならば、それが「有事の対応」だからだ。

企業再生請負人の考える企業支援——北門信用金庫（伊藤貢作）

　建設業の現場で汗を流し、配送センターでは、配送車の運転・配車、食品スーパーでは、商品仕入れや店舗運営の実務に従事して企業再生をした経験を買われ、金融機関で企業支援実務家として現場に立ち続けてきたのが、北門信用金庫の企業支援室長にして企業再生請負人の伊藤貢作だ。

　２０２１年に島根銀行、２０２２年10月から筑波銀行、２０２３年１月から福邦銀行でも企業支援アドバイザーとして、企業支援担当者と共に現場をまわり、支援人材と事業性評価力の育成に力を注いでいる。金融庁の「業種別支援の着眼点」の原案作成に関わった伊藤に策定の狙いを取材した。

伊藤は、全業種に共通する着眼点として、まず2つの分類を挙げる。

①売上高がある程度決まっており、そこからどれだけの利益を残せるかが勝負の企業。

たとえば、入札で工事代金が決まっている建設業、納品価格が固定的な製造業、診療報酬や介護報酬が決まっている医療機関・介護施設、広告業などだ。

②事業用資産を有効に活用して、できるだけ売上を伸ばすことが勝負の企業。

こちらは価格競争が激しい製造業、小売・卸売、飲食店、宿泊業などだ。

同じ製造業でも「違う生き物」である。「生態把握」を見誤り、「製造業なら、この薬を出しておけ」という定型的な支援は、危険な手になるかもしれない。

伊藤は、総資産に占める利益の割合を示す「総資産利益率」（ＲＯＡ）を「売上高当期純利益率」と「総資本（資産）回転率」に分解することを奨める。

ＲＯＡに占める「売上高当期純利益率」の比重が大きい場合は、①「利益を残すのが勝負の企業」だ。総資本（資産）回転率が大きい場合は、事業用資産を最大限に活用し、②「できるだけ売上を伸ばすことが勝負の企業」だ。

たとえば、利益率の悪い仕事をたくさん受注し、売上高が伸びているが、利益が悪化している建設会社をどうみるべきか。

一般的には、建設業ということで①に分類され、「利益を残せない問題企業」と判断されるかもしれない。ただ、業種の「生態把握」だけでなく、「個別企業の特徴」を把握してみると、まったく違う場合もある。「たとえば、新しく開発された工種工法の経験値、熟練度を高め、業界で技術面、ノウハウで優位に立つため、敢えて受注工事を増やしている先行投資の場合もあります」と、伊藤は指摘する。

この場合は、将来有望な会社ではないか。数字だけで判断することなく、決めつけず、謙虚にヒアリングすることが重要だ。「強み」も「弱み」も、過大視するのは間違いだ。「弱みを改善しろ」というのが定石の「支援」とされるが、もし「弱み」を改善したところ肝心の「強み」が消えてしまったらどうするのか。敢えて「弱み」への対処は後回しにして、「強み」を伸ばすべき企業もあるかもしれない。何にせよ、決めつけは危険だ。

とはいえ、「業種別生態」をある程度、一般化することは可能だ。またそれは、企業の「個体特徴」の把握にも不可欠である。その特徴を業種別に順に見ていこう。

建設業①――外注か、自社工事施工か

建設業は工事が完成した時点で、売上、原価、利益が計上される。大半の支出が工事原価の費用だ。受注した工事業種の範囲で、一定の利益が確保されているのかをおさえる必要がある。

重要指標は、「売上総利益（完成工事利益）」「売上原価（完成工事原価）」「固定資産台帳」だ。「売上原価」は、「材料費」「労務費」「外注費」「経費」の割合から、具体的な工事施工体制が類推できる。

「外注費」が大きな割合を占める場合、工事を細かく工事工種に分けて、外注する会社かもしれない。外注のネットワーク次第で、経費や工期が左右される。反対に、「労務費」に占める作業員給与、雑給が大きい場合、直営班が中心となって自社工事施工を手がけているのかもしれない。よって、作業員名簿も確認し、年齢、保有資格、社歴をチェックし、能力や高齢化の有無などへの目配りも重要だ。

伊藤が建設業に限らず、製造業でも必ず入手するのが、「固定資産台帳」だ。台帳に記載される機械、車両を把握するためだ。伊藤は「聞き慣れない機械・車両があればYouTubeで調べたら良いと思います。動画解説もあります」という。

特殊機械や車両が意外な収益ポイントかもしれない。一年に一回、使うか否かの特殊な施工専門の機械があるから、元請けから重宝がられて受注を確保しているかもしれない。「不良在庫」と即断せず、しっかりと状況を見極めれば、武器となる「得意技」かもしれない。

建設業②——金融機関が苦手意識を持つのはなぜか

建設業の支援に苦手意識を持つ金融機関の関係者は多い。理由は、工事が完成するまで売上が計上されない「工事完成基準」という金融機関には不慣れな会計慣行があるからだ。工事完成までは工事関連の「支出（未成工事支出金）」が続くという業種特性である。工事の進捗を数値管理できないもどかしさがある。

「未成工事支出金」は、「売上」になっていないという点で「在庫」に等しい。「過剰在庫」について、金融機関はどうしても口を差し挟みたくなる。年間の平均完成工事高の半分以上を未成工事支出金が占めるような場合は極端なケースだが、「未成工事支出金」の実態を解明するには、「工事別出来高調書」を元に現場の進捗の妥当性を調査する必要がある。しかし、金融機関にとって正確に見抜くことは容易な作業ではない。

そもそも企業支援のための調査は「粉飾を見抜くこと」が目的ではない。目指すのはあくまで事業継続力の強化だ。もちろん粉飾決算は好ましくないが、どうして粉飾をしてしまったのか、その理由に耳を傾けることの方が重要だ。

「立替工事高比率が12～13％程度だったら、それ以上、細かく見ようとすること自体、収益力改善の支援という観点ではほとんど意味はありません」と伊藤は言い切る。

「立替工事高比率」とは、1年間の工事施工高（完成工事高と未成工事支出金の合計）に対して、工事代金などを立て替えている割合だ。一般的に中小の建設業の工事は1～2カ月で、大手ゼネコンと異なり、数年プロジェクトという大規模工事は請け負わない。工事施工高に対する「立替工事高（受取手形＋完成工事未収入金＋未成工事支出金－未成工事受入金）」の割合が、年商の1・5カ月分（年商の12・5％）に収まっていれば、ほぼ問題はなく、これを目安に丁寧に毎期確認している方が、金融機関の審査としても現実的だ。

また、公共工事を受注する建設業者は、「経営事項審査」（経審）を受ける必要がある。財務内容、作業員の保険への加入、施工管理技士など資格取得者の確保といった基準をクリアしていなければ、高得点を取ることができない。つまり、安易な人員削減の「指導」は経審点が伸び悩む原因にもなりうるのであり、経審点が少しでも上がるような支援の方が遥かに意味がある。

建設業③——集権型か分権型か

建設業は、「集権型」と「分権型」に工事施工体制が分かれるという。「集権型」は、トップや本社の人物が受注額、予算、取引する建材屋、工事で使用する機器、下請業者まで選定し、現場が施工する運営だ。平時におけるコスト管理に強い。一方、「分権型」は、請け負った仕事を現場代理人に任せ、現場代理人が業者選定を行う仕組みだ。営業の一部も現場に任せる場合もある。

こう聞くと、金融機関は建設業に「集権型」の施工体制へ切り替え、コスト削減を求めるかもしれない。しかし、それが正解とは限らない。決めつけは危険だ。なぜならば、東京五輪のような大型工事のプロジェクトにダンプや重機が集められ、地方の現場で枯渇した場合でも、あるいは異常な資源高で建材が不足した場合でも、普段からの「持ちつ持たれつ」の関係があるからこそ、工期までに間に合うよう関係先の業者も融通を利かせてくれるのが現場の実態だからだ。

平時の「コスト管理」に強くとも、肝心の「工期」が予定より延長した途端、赤字確定となるのが建設業の絶対的な特性であることを忘れてはいけない。

建設業④――積算担当者・営業担当者の腕

建設業は、予め決まっている売上高からどれだけ利益を残せるかが勝負だ。工事の「見積価格」を積み上げる腕が問われる。工事経験豊富で幅広い知識を持つ積算担当者ほど、落札の確度や価格の妥当性を向上させられる。

受注商談には豊富な現場経験のある営業担当者も重要だ。発注者、元請け企業の要望にこたえ、価格面、技術面の提案、もしくはこの両方を組み合わせたＶＥ（バリュー・エンジニアリング）ができなければ、好条件の受注を獲得することは難しくなっている。

最終的には、現場の創意工夫や過去の経験を駆使し、臨機応変の対応力によって収益は決まる。地道で緻密な仕事が収益につながる。ウルトラＣはない。

もしかすると、金融機関はとんでもない勘違いをしているかもしれない。たとえば「交際費」だ。財務資料だけで判断すれば「即座に削る対象」だろう。しかし、元請け会社の重要人物を接待することで、よりうまみのある仕事を受注できるとしたらどうか。もし収益につながるのであれば、「接待費」を増額すべきだ。もちろん、利益につながらないケースも多いが、大切なのは思い込みではなく、両方の可能性を考察し、元請けと下請けの関係性を正確に見定めることだ。

伊藤は、建設会社の事務所を訪問する際、必ず表彰状をチェックする。今の社長の時代か、先代の時代のものか、表彰状の内容によって、現在の工事品質の対外的評価、得意な工種、建材仕入れ先の意外な大手企業との関係などを知る上で、極めて有用だからだ。

また、敢えて早朝や休日の稼働していない事務所を「静態観察」する。資材置き場の整頓状況、工事車両の駐車状況を確認し、次の作業にすぐに取りかかれる状態か、清掃が行き届いているかも分かる。こうした積み重ねによって収益が変わってくるからだ。

建設業⑤——窮境要因と改善策

建設会社の窮境要因は、以下のケースが多い。採算度外視の強引な営業、無理な多角化・他業種への投資の失敗、特定元請け先への過度な依存などにより、財務状況が悪化し、資金繰りを補うため無理な工事の受注を繰り返し、工事体制が機能不全となって、原価・予算管理が崩壊する。この悪循環が「典型的パターン」（伊藤）だという。

建設会社の生態である「売上からどれだけ利益を残せるか」を改善するためには、どこかで強固な原価・予算管理を実現するほかない。「原価管理の改善」こそ、積算・見積もりの精度向上、利益の見込める工事案件の受注、実行予算を精緻なものにする。こうした好循環へどのように転換するのか、そのタイミングをどこで見極めるのかが、企業再生のポイントだ。

環境配慮施工や低コスト新工法への対応力も、今後は重要になる。本質的な損益改善を目指すには、集計された数字を眺めているだけでは方策は見えてこない。現場別に予算・原価を管理するしかない。「工種ごと、費目別」で進捗を管理しなければならない。

一昔前とは異なり、今や慢性的な人手不足だ。社員の勤続年数、退職率も、会社の働きやすさ、社長の人望、人柄をうかがい知ることができるデータだ。ＩＴ、ドローンなど先端技術の習得も今後の課題だ。外国人技能実習生の受け入れ姿勢も見逃せない。人手をコストと見ず、家族的に受け入れ、彼らの文化を尊重できているかも確認しておきたい。

飲食業①——大手チェーンはなぜ強いか

かつて伊藤は、全国チェーンのＦＣ（フランチャイズ）に加盟している企業の再生に従事していた。そこで学んだのは、全国チェーンの科学的に磨き上げられたビジネスモデルの強靭さだ。

当時、伊藤がＦＣ本部の専門家と昼食を共にした時のことだ。ＦＣ本部の人間が、その店の食材、材料費、価格の妥当性、厨房スタッフの数などを瞬時にメモに書き上げ、言い当てた。伊藤は舌を巻いた。こうした飲食大手は、商圏分析、立地選定、店舗開発などを通じて練り上げられた独自のノウハウに基づいて、出店しているケースが多い。

中小飲食店が、そうした大手外食チェーンに駆逐されずにどう生き残るか。「厳しい言い方になりますが、思いとか、真心とか、おもてなし以前の問題として、どう頑張っても大手が研究し、当たり前のようにクリアしている物理的制約、科学的原因で負けてしまう現実をまずは受け止める必要があります」と伊藤は話す。

客の立場になれば、店を選ぶ目安は明白だ。１時間並ぶ人気店に１人で、もしくは家族とどれほどの頻度で行くのか。久しぶりに再会した旧友を連れて行く店を選ぶ際の「遠さ」と「待ち時間」の許容範囲はどれほどか。多くの人は「近さ」を選ぶ。全国に名がとどろく有名店でもなければ、「近い」に勝る選択理由は見当たらないからだ。

また、物件の構造上、問題が多い「呪われた店」もある。たとえば、立地は良いのに、飲食店の出退店がめまぐるしい物件がある。よく目にするのは、そもそも「厨房」と「客席」のバランスを著しく欠いている物件を居抜きで使っているケースだ。たとえば、段差のある客席は、一見すると洒落ているが、ワゴン配膳が不可能という物理的制約となり、配膳係を余計に雇わなくてはならない。「近くない店」や「構造問題を抱える物件」は、店主にいくら「真心」があっても「負け」を確定させる。「高コストの高級食材を低価格で提供」という「こだわり」にしても、そもそも矛盾しているのだ。

飲食業②――店の「適正面積」「適正人数」は決まっている

「業種別支援の着眼点」によれば、厨房と客席の面積の比率は、レストランが4対6、単品勝負の店だと3対7、飲料中心だと2対8が大まかな構造の目安だという。レストランなのに客席を欲張って8割とし、厨房が2割だと、料理、洗い物、受け渡しなどのスペースが確保できない。酷い場合は、客席の食器を片づけられず、次の客を通せないというオペレーションの破綻を招く。

「坪(面積)あたりの売上をどう上げるのか」は、小売業にも共通した「着眼点」だ。小規模飲食店は10~20坪が多く、飲料だけの提供でワンオペならば10坪以下の店もあるが、「坪あたりの客席数」という目安もある。「回転重視の店」は1坪あたり2・5席、「標準店」は2・0席、「ゆったりした店」は1・5席、「高級店」は1・0席。厨房の人数はホール人数とほぼ同数で、ホール人数は最大収容客数を4（1テーブルに座れる客数）で割り、さらに4（1人が担当できるテーブル数。高級店やおもてなし重視の店では3などに変わる）で割った人数が適正だという。

飲食業③――「原価率」という物差し

飲食業の企業支援担当ならば、常識的な原価率を知っていなければならない。原価率は「30％強」までにコントロールするのが平均的な飲食店だ。35％を超えるのは相当に強気な高級店、こだわり店である。

ラーメン、ビールは原価率30％程度、ショートケーキは20％台、餃子は20％程度、かき氷、ハイボール・サワーは10％台と主要な飲料、食材の原価率を知っておく必要がある。「とりあえずビール」のあとは、気の利いたスタッフが「サワーやハイボール」をすすめる店は、原価率を考えて動いているのかもしれない。一方、原価率が35％を超えてくると、特別な高級店、こだわりの店を除けば、家計の食材も経費に計上してしまったり、レジを通さずに売上から現金を抜いてしまっている店である可能性が高い。それが「生態」だ。

飲食業④――ＦＬコスト（材料費と人件費）

人件費を従業員給与と雑給で割れば、「人数の規模感」がつかめる。中小企業の社員の平均年収を「年齢の10倍（万円）」と仮定し、パートの月給（雑給）を10万円程度（年間１３０万円以内）として計算し、人件費を割ると大まかな「いるはずの人数」を算出できる。

人件費は注意が必要で、たとえば、のれん分けと称して「師匠」への指導料を毎月支払っているなど、想像もつかない支出（雑給）が含まれることすらある。仮にそういう事態が発覚しても頭ごなしに「是正指導」せず、解決に向けてさまざまな可能性を共に考えてみてはどうか。開業に至る経緯でやむを得ない仕儀だったのだから。「１人あたり売上が低い」「営業努力が足りない」と説教をするよりも、遥かに意味のある支援だ。

売上高に占める「ＦＬコスト（材料費と人件費）」が60％以内で収まっているかどうかもポイントだ。「その他経費」で計上されるのは、家賃や光熱費という「固定費」で短期的な改善の余地は小さい。「ＦＬコスト」をどのように改善していくのかが利益を左右する。「ＦＬコスト」と「その他経費」を差し引いて残った「営業利益」は、「売上高に対して10％」の確保を目指したい。

飲食業⑤——従業員の役割分担と客単価の算出

では具体的に訪問時に何を見るべきで、どう改善する手だてがあるのか。

「坪数」「厨房と客席の比率」が妥当な場合、まずは「従業員の役割分担」だ。「材料ロス」や「回転率」という、もっともらしい言葉での指摘ではなく、「誰の動きをどう変えるのか」まで落とし込んで行動変容の改善策を考える必要がある。「材料ロス」や「オーバーポーション（盛り付け過ぎ）」は調理担当者、「仕入原価の低減」は仕入責任者、「人繰りの問題」はパートシフト決定者、「客席回転率」はホール担当者の役割だ。こうした「人の動き」まで突き詰めて、誰にいくら支払っているのかを把握し、適正賃金バランスを見直すのが「支援」だ。

「味やメニューへの安易な助言」は、慎むべきだ。「素人の思いつき」が、かえって店の負担増を招く場合もある。「客のアンケート」や「来店客の動向分析」を手伝う方が喜ばれる。

飲食店の売上高は、「客数」と「客単価」で決まる。飲食店は、資産を最大限に活用し、売上高を伸ばすのが勝負だ。しかし、「客数」と「客単価」で目標の実現が不可能ならば、内部オペレーションを見直すことで「FLコスト」を改善する現実策への目配りも大切だ。精緻なデータでなくとも、レジや伝票から曜日・時間帯別で組数を推計して、まずは「客単価」を算出し、実現可能な売上高と計画を考え直すだけでも「支援」となる。

小売業①——無視できない「リベート」

地域限定で2～3店舗程度の中小規模の小売業は、希少性や専門性の高い商材を扱っていない場合は、事業用資産を駆使して、どれだけの売上を確保できるのかが勝負となる。「売上高」を「総資産（自己資本と負債の合計）」で割った「総資本（資産）回転率」が一つの指標だ。伊藤によれば、「業界平均との比較」よりも、「3年程度の傾向や変動」を注視すべきだという。

「売上高総利益率（粗利益率）」の傾向をおさえる必要もある。品目や規模によって大きく変化するが、「業種別支援の着眼点」が参考値として出した一般的な目安としては、機械機器は25・14％、スーパーは26・11％、小売業全体平均は30・92％、飲食料品は32・11％、ネット販売などの無店舗は41・15％、織物・衣服、身の回り品は44・81％だ。

「売上高総利益率」についても、「業界平均比較」より「3年程度の傾向」を確認し、事業継続が可能な水準か、経営者の予測との乖離度合いを見定める方が有効だ。

小売業、卸売業でよくあるのが、「リベート」で黒字を確保している取引慣行だ。営業赤字でも販売リベートの雑収入を含めると経常利益を出す場合もある。小規模・零細企業は、仕入先から「売上に対するリベート比率」が決められ、仕入金額も指定される「成果報酬型の取引」を迫られることも珍しくない。仕入先、取扱商品は一つではないため、年度末のリベート次第で赤字か黒字かが決まるという収益構造もある。「リベート率」のヒアリングは必須だ。売上に対するリベート比率が減少した場合は、リベート条件の悪化、対象商品の販売不振、リベート率は低いが仕入価格が安い取引先への変更が考えられる。逆に増加した場合考えられるのは、リベート条件の改善、販売好調、一過性のリベート収入増、仕入条件の変更、仕入価格の値上げなどだ。

小売業②――「売り場」と「取扱アイテム」の管理限界を知る

取引先への訪問時には、「管理限界」を把握しておきたい。「従業員1人あたりの管理可能な売り場面積」の目安は8～10坪だ。飲食業のワンオペ営業の上限面積もこの程度だ。

「従業員1人あたりの管理可能なアイテム数」は、業種、業態、季節によって異なるが、80～１００アイテムが目安だ。「在庫改善」「発注の効率化」「売り場のチャンスロス防止」などの指摘以前に、「売り場面積」や「アイテム数」が管理可能なのかどうかを確認する必要がある。

売上高の増加を目指すにしても、「客数」と「客単価」のどちらに改善可能性があるのか。「客数」だとしても「入店客数」なのか、「買上率」なのか。「客単価」の場合は、「平均買上点数」に課題があるのか、「平均商品単価」なのか。はっきり把握できていない場合が多いが、売上伝票枚数、レジ件数、ヒアリングから大体の推計をすることは可能だ。「差別化」「強み」という抽象的な言葉で終わらせず、さらに踏み込み、マニア・プロ向けなのか、初心者へのフォローなのか、メンテナンス、買い換えなども含む保守・修繕なのか。顧客同士の交流まで視野に入れて、どこに顧客が選ぶポイントがあるのかをできるだけ具体化して確認すべきだ。

卸売業①――「経営資源」全体の効率化

卸売業は、自社でものづくり、成果物を完成させて利益を残す業態ではない。在庫や倉庫をどう効率的に使うか。営業担当者が売上を稼ぐ事業構造を理解するところから始まる。伊藤によれば、初動段階で追いかけるべきは「売上高総利益」よりも、モノと人のバランスが反映される、本業の収益力である「営業利益」の推移だという。

卸売業は「回転率」での勝負だが、企業支援の要諦は「企業自らが考え、行動変容すること」である。であれば、企業が普段使っている言葉、肌感覚を意識し、「同じ言語」でやりとりすることで実態を把握したり窮境原因を突き止めたりする方が良い。すなわち「棚卸資産回転率」といった表現ではなく、「回転日数」という言葉に言い換えて話すことだ。

安易な改善の道はない。劇的な「売上増加」や「生産性の向上」が難しい業種だからこそ、「経営資源全体の効率化」を目指さなければならない。

効率的に資産を活用しているのかを判断するには、「総資本（資産）回転率」が重要だ。とくに自社倉庫、地域卸売業の場合は、事業性を見極める上でも大切な指標となる。

倉庫が自社物件なのか、賃借物件なのかが大きな意味を持つ。自社物件の場合は、用途の自由度が高い。借入金がある場合も、返済すれば自社資産だ。半面、流通構造、交通事情の変化で倉庫として好立地でなくなっているリスクがある。商売の規模に見合わない投資となってしまうと、返済負担だけが重いという状況に陥りかねない。借入金の返済だけでなく固定資産税も負担となる。

一方、賃借物件は、有形固定資産が少ないため、高めの回転率が算出されるケースもあり、設備投資などの財務リスクは低減される。大型倉庫の一部賃借などの場合は、他の業者との共同物流などの改善策を講じやすくなる。商売の規模に応じて、移転、拡張、縮小がしやすい。つまり「固定費」というよりも「変動費」に近くなる。デメリットは、賃料負担が続くこと、契約次第では荷受けや出荷の時間帯に制約を課される場合もある。

流通業界では再編・寡占化が進み、本業で収益を改善するには時間を要する。自社物件の売却や転用、賃借物件の変更、廉価な倉庫の買収による費用負担の削減も現実策だ。

卸売業②——「待てる」「分ける」「運べる」

専門性のない卸売業は、合理化を進める流通大手の手がまわらない「機能」で戦うしかない。「待てる」「分ける」「運べる」の3機能に伊藤は注目する。

「待てる」機能とは、販売先からの「支払い」を待てる実質的な金融機能だ。支払い面で融通が利くことは強みだ。「発注」を待てることも喜ばれる。大手卸では、たとえば、発注の受付時間と方法を「前日午後3時までにＥＯＳ（受発注システム）で」と決められているケースがよくある。発注締め切り時間、発注方法で融通が利き、「締め切り時間にも余裕があり、電話、携帯メール、ＦＡＸなどで対応可能」というのは、喜ばれるはずだ。

「分ける」機能も、選ばれるポイントだ。寡占化と効率化が進んだ卸売業では、全体として最低発注単位が「数ケースから」など大ロット化している。一方で昔ながらの「バラ単位納品」を継続してくれる中小卸の存在は、人口減などで売上が細り、在庫負担が大きい地方の小売業・サービス業にとっては、貴重な仕入先として残る可能性がある。

「運べる」機能は、地方ならではの切実な問題だ。山間部、過疎地まで届ける配送は、人的負担の軽減という点でも非常に助かる。作業員の高齢化が課題である小規模建設業の工事現場でも重宝される。工事現場まで配送し、降ろす負担を肩代わりしてくれる卸売業は貴重だ。配送・配達をどうしているのか。自社便か、運送会社への外注か、郵送かを確認すべきだ。加えて、現場への配送能力がどうなっているか、たとえば、積み降ろしができる小型クレーンの付いた車、配送・荷降ろしに対応できるドライバーを十分確保しているのかどうかといった点もポイントだ。

卸売業の支援は、長期戦だ。とりわけ重要なのは、長期的に事業を継続するための「後継者候補」だ。地方だからこそ「選ばれる」機能をうまく活用し、自社倉庫の活用、賃借倉庫の地代負担を勘案し、経営資源全体を使って、収支の改善や、借り換えを伴う返済負担低減などの「財務負担の改善」を中長期的に進めていくしかない。金融機関の融資審査の間尺で考える「不良在庫を叩く」「支払い、受発注、受け渡しの合理化」という安易な「決めつけ支援」は、「中長期の収益性」を破壊しているかもしれない。

卸売業③――「在庫縮減」ではなく「倉庫縮減」

伊藤の関与した実例だ。年商2億円以下、特殊性・専門性のある商品ではない一般的な日用雑貨の卸売業だった。主な取引先は、都市部大手スーパー、山間部・漁村などの都市周縁部の小規模小売事業者だ。都市部スーパーは、物流合理化で取引が減少、都市周縁部も人口減少で同じく取引額が減少し、十数年間で売上は半減していた。また大手スーパーが取り扱う日用雑貨は、卸売大手に奪われたばかりでなく、大手スーパー、ホームセンター、100円均一ショップの間でさらに競争が激化し、仕入れ量そのものが減少していた。一方、この地域では、物流の合理化でこの業者のような山間部・漁村に「運べる」機能を担える卸売業者は激減していた。

「在庫過剰」の傾向がうかがえた。しかし、複雑な在庫管理手法を導入できるような経営資源は乏しい。この業者の倉庫は自社物件であり、周辺は新興住宅街として開発が進んでいた。そこで伊藤は、倉庫を3分の2に圧縮し、3分の1は託児所として賃貸することを提案し、金融機関として賃借希望者を紹介した。そして運転資金や過去の赤字補塡資金などが混在する借入金を超長期資金で一本化し、返済負担を平準化した。

支援後は、託児所からの地代家賃が安定的な収益源となり、「運べる」機能を地道に維持しながら、日用雑貨の納品配送業者として事業継続のめどが立った。倉庫は3分の2に圧縮されたため、発注・在庫への目配りが行き届くようになり、自然と「在庫の効率化」が進んだ。収支構造が頑健となったため、小規模の卸売業にもかかわらずコロナ関連融資を借り入れずに頑張っているという。

この会社は、多くの中小企業と同じく、現場の従業員は高齢化しており、70歳を過ぎた社長も自ら荷受け作業に従事している状況であった。

「やるべき事ではなく、やれる事に集中することの大切さを経験しました。収支を安定させたからこそ、40代前半の社員が次期社長候補に名乗りを上げてくれたのです。後継者候補が出たことが、取引先のさらなる信頼につながりました」と伊藤は語る。

卸売業④——「地域の課題」を解決する

伊藤は、メインバンクとして取引のあった菓子製造関連商材の総合卸売業も支援した。製品製造の各種原料から包装資材まで幅広い品目を取り扱っていた。ただ、商圏は小さい。このままではコロナ禍、少子高齢化、後継者不足などによる複合的な課題に直面し、収益が年々悪化することが予想された。他方、地域のほとんどの菓子店と取引があり、先代からの付き合いがあった。さらに社長には、「地域の課題に対する問題意識」もあった。健康志向が強い層や高齢者向けの低カロリー商材の開発、地元の菓子業界の販路拡大への貢献で、地域や業界の課題を解決したいという思いもあった。

何度も社長の相談に乗り、社長の思いを整理し、経営方針づくりをサポートした。同時にメインバンクとして、コロナ禍で毀損した財務内容を改善するため、自行債権の大半を劣後ローンに切り替える「ＤＤＳ」を実行した。また、資産を一部売却し、他行債権を優先的に弁済させ、金融取引を簡潔にした。

ＤＤＳ以外の債務は、保証協会と連携して、現在の返済負担を軽減させるため超長期への借り換えを行った。ＤＤＳによって「債務者区分」を維持しながら、冷凍設備への設備投資も視野に金融面でも支援できる環境整備を進め、冷凍設備を地域の取引先へ貸し出す、新たな収益事業の準備もした。

当初は、コロナ禍の影響で債務超過寸前まで追い詰められていた。地域で冷凍設備と配送機能のインフラを卸売業が担うことは理にかなっている。しかし、さすがにこの状況でさらなる融資に踏み切るにはリスクが大きすぎた。そこで金融取引を簡素化し、保証協会とは適宜適切に連携し、メインバンクとして「地域全体の事業構想」を共有し、伴走してきたのである。

運送業①――「車両の維持」に無理はないか

中小トラック会社などの運送業の「生態」はどのようなものか。たとえば、運送業の設備である車両は、導入直後から稼働すれば売上に貢献する点にその特徴がある。特殊要因がなければ、資金繰りは短期的には破綻しにくい。巨額な設備投資が同一時期に集中することは少ないからだ。他方、荷主に「価格決定権」があり、代替の運送業者も見つけやすいため、利益の確保は容易ではない。このため運送業支援では、毎期どれくらいの利益を稼ぎ出しているのかをまず確認したい。「純資産」から「資本金」を差し引き、これまでの全決算期数で割って、おおよその「毎期の利益」を割り出すのだ。本来の収益力を見誤り、実現困難な計画をつくれば、荷主と無理な価格交渉に及んで契約を切られたり、運転手の離反を招くなど、再建不可能な状態に会社を追い込みかねない。

運送業の資産は、リースも含むトラックなどの車両だ。「この固定資産をどういう資金でまかなっているのか」を示す「固定長期適合率」へ目配りすべきだ。「固定資産」を「固定負債」と「純資産」の合計で割った。この比率が7割前後であれば問題ないが、100%を超えている場合、注意が必要だ。自社土地、倉庫、倉庫関連設備を保有しているケースもあるが、事業資産を維持するために短期資金まで使っている場合、資金繰りに窮する可能性が濃厚となる。

近年では運送業が薄利商売から抜け出すために倉庫業を兼ねたり、特殊高額車両へ投資するケースも多い。その場合、当然、「総資産に占める固定資産の割合」は肥大化しやすいので、「固定長期適合率」はさらに重要度を増す。

運送業②——キーパーソンは「配車係」

人手不足の時代だ。車両1台だけでなく、「運転手1人あたりの運送収入（売上高）」も把握しなければならない。「総運送収入」を「運転手数」で割って算出するのだ。単一車種が中心の会社であれば、判断材料としてとくに有効である。２０２４年４月からは働き方改革で、運転時間や休日の管理が厳格化され、ドライバーの確保は今まで以上に難しくなる。

中小（とくに小規模）トラック会社では、社長自らハンドルを握ることもある。運転手と事務所の「人件費」が混在したり、「運送部門」と「管理部門」の「燃料費」「その他経費」が混在している場合もある。「運送原価」「売上総利益」といった概念がなく、「販売費」と「一般管理費」に「全支出」を計上している会社もある。こうなると、「営業利益率」を確認するしかない。

「固定資産台帳」は、車両の大きさ、用途を具体的に把握するために必ずもらうべきだ。建設業、製造業と同様に、ネット上の動画で特殊車両・機械をチェックするのも、会社の「得意技」を突き止める上で有効だ。ダンプ会社に１台だけある冷凍箱車、食品配送会社に１台ある平ボディーのトラックなどは、利益に貢献していたり、あるいは逆にボトルネックになっている可能性がある。「運転手の内訳」も確認する必要がある。人手が売上のベースなので、免許の種類、年齢、勤務年数が重要だ。「平均勤務年数」が長いということとは職場環境の良さ、社長の面倒見の良さの表れだ。安易なリストラは、運転手の士気低下と不信感の増幅、大量退職という危険を伴う。

運送業のキーパーソンは「配車係」だ。自身も配車係を任され、失敗をした経験を持つ伊藤は「配車係の腕で売上獲得能力が決まると言っても過言ではありません」と断言する。

かつて伊藤は、荷受けする物流倉庫や現場ごとの受け渡しの具体的な状況、運転手がフォークリフトの免許を保有しているかどうかの基礎情報などを把握せず、勝手にスケジュールを組み、ベテラン運転手から叱られたという。現場によっては、カーゴやパレットを使わずに、運転手がピッキングしたり、積み込む際にフォークリフトを操作しなくてはならない。現場の具体的な状況と運転手の熟練度を知り尽くしてこそ、配車係はかかる時間と現場の条件に合致した運転手を割り振ることができる。

交通事情はもちろん、運転手の性格やストレスに目を配り、飛び込み・スポット仕事、割に合わない仕事の差配も考慮しながら、運転手と仕事を細かくつなげていく「配車技術」が収益を改善させるのだ。

運送業③——「積み降ろし」の実態

休日や早朝に車両の駐車状況を確認する「静態観察」も必要だ。駐車が乱雑か、車両やキャビン（運転席のスペース、長距離トラックの場合は仮眠室にもなる）の清掃状況はどうか、派手な装飾をした「デコトラ」もあるのか。最近では、荷主が会社イメージを損なわないようデコトラの出入りを避ける傾向もある。車両次第では、仕事を受けられない。

運送業を把握するには、「積み降ろしの現場」が重要だ。手積みか、機械積みか、ワンオペか、手伝い役はいるのかは、会社によってさまざまだ。こうした現場の状況を把握せず、「数値分析」だけで、「1人あたりの売上増加」を指導しても無意味だ。

まず運送業の専門用語や車種の違いに習熟する必要がある。

「ベタ降ろし」は、積み荷を手作業で配送先の床に直接降ろすことだ。

「バラ積み」は、手積みのことだ。たくさん積むことができるが、その分、重労働である。

「横持ち」は、メーカーの製造工場から物流倉庫に製品を移すなど、同じ会社の別拠点への配送作業だ。別の車両への積み替えの場合もある。

「車上渡し」は、荷降ろしを受取人が行うことで、「置き場渡し」は、積み荷を受取人が指定した場所に、運転手が降ろして渡すことだ。

「箱車」は、積載スペースが箱形で、2トン、4トン、10トンが主要サイズのトラックのことだ。冷蔵車や冷凍車もある。雨にぬれる心配がなく、積載物や車両サイズによって作業、用途は幅広い。

「トレーラー車」は、トレーラーを牽引する車だ。大型物や多量輸送で活用される。山間部まで長距離にわたって液化燃料を運搬したり、港湾から近くの倉庫までのピストン輸送でも使われる。ただし、駐車、旋回、冬道などで高い運転技術が求められる。

「平ボディー」は、積載スペースが平らで、クレーンなどで積載する車だ。小型クレーン付きの車もある。屋根はなく雨には弱い。重量物だけでなく、長さや高さのある積み荷、複雑な形状の積載物も扱う。バラ積みは比較的少ない。積載物の固定、結束、防雨シートを張る作業が重労働で、人手不足の原因ともなっている。

「ダンプ」は、荷台を傾けて土砂、砕石、石炭、飼料などの積載物を流し降ろす車だ。積載作業は機械で行い、降ろす作業は運転席のレバー操作だけで可能で、重労働ではないが、積載物や運搬場所によっては洗浄作業が必要だ。工事現場、採石場では、狭い作業道路の運転、狭いスペースでの方向転換など高い運転技術が求められる。工事現場ではバックで進入し、現場のギリギリまで車両を寄せて、積載物を降ろさなければクレーム案件となる場合もある。

「ミキサー車」は、生コンの運搬で使用され、プラントから90分以内に運搬しなければならないため、作業時間は短い。レバー操作のみで、積み降ろしの重労働はない。ただ、定期的にドラム内に固着したコンクリートをはがす作業は重労働だ。

運送業④――失敗に学ぶ

かつて伊藤は、年商2億円前後のダンプ運送業の支援に乗り出した。ドライバーは高齢化し、車両の老朽化も進んでいた。主要売上は化石燃料運搬であった。単価が良かったからである。しかし、化石燃料運搬の需要が減少したため、ドライバーの賃金を下げたところ、退職者が続出した。地域における建設関連の仕事は比較的安定していたにもかかわらず、この運送会社の売上は右肩下がりを続けていた。金融機関としては、緊急融資で不足資金を補い、元金返済を止め、定期性預金を取り崩し、可能な限り、資金繰りを支えた。明らかな無駄、重複のある諸費用の削減を提案し、企業側の考えを整理するサポートも行った。

しかし、さらなる退職希望者が発生し、最低限の固定費をまかなう売上の確保も難しくなった。ビジネスマッチングを試みるも、同業他社、建設会社との関係も希薄で、応じてもらえていない。当面は、資金繰り管理を行いながら、社長も運転手としてフル稼働し、売上確保に力を尽くしているという。

経験豊富な伊藤でさえ、「地域の建設系運送会社によくある損益悪化の事案という程度の認識しか持っていませんでした」と反省する。主要売上を化石燃料運搬に絞っていることや、近隣の同業他社、建設会社との関係が希薄であることは、資金繰りが逼迫してから詳しく調査して判明したという。

肝心の「配車係」は、若手が担当し、仕事の内容や運転手の力量・相性を見極めた最適配車ができておらず、採算性を上げるための荷主との交渉も難航した。

悔やまれるのは、人件費切り下げによる運転手の大量退職が生じた数年前の段階では、借入金返済が滞っていなかったため、その段階では、踏み込んだ支援は現実問題として難しかったことだ。運送業は、車両が稼働すれば、資金繰りが厳しくなりにくい半面、物流合理化で運賃収入が減れば、修繕投資や営業転換が後手に回り、返済困難に陥る頃には、対策が極めて限られるという特性もある。

企業支援に平坦な道はない。真摯に失敗と向き合い、反省と実践を繰り返すことこそ、企業支援のプロフェッショナルが進むべき道だ。

おわりに

読了した読者には心より感謝を申し上げたい。

最後の問いかけは、「付加価値や生産性を向上させるとはどういうことか」だ。答えるのは案外難しい。「現時点の付加価値額」には、数字では捉えきれないものも含まれている。「今回、協力関係を築いたことが次の挑戦で花開く礎となる」かもしれないからだ。「協力関係」の価値は計測できない。

本書は、この問いに対し、「人の時間を大切にする」ことではないか、と答えたい。人とは、顧客はもちろん従業員、経営者、そして自分である。

地銀及び信金信組と中小企業の運命は、井原西鶴の物語で言うところの「死なば諸共」である。いや、正確には既存金融機関がデジタル金融に置き換わったところで、何ら差し支えない企業もあるはずだ。よって、特に金融機関の方が必死になって、まずは付加価値を創造し、その価値を認める企業と「一蓮托生」の関係を築かなければならない。

金融機関の都合ではなく、顧客起点の経営に生まれ変わるのは不可避だ。顧客とは誰のことなのかを見定め、顧客起点で説明できない戦略、営業、人事、システムを見直すべきだ。人口減少社会とデジタル化で、「横並び」などと悠長なことを言っている場合ではない。

時代錯誤な経営を続ける金融機関に絶望し、自分の人生を大切にしようと退職を決断した若手行員の声が真実だ。人材を「資本」と捉える人的資本経営を顧みない経営は失格だ。人の時間を大切にしない組織は、顧客や従業員の付加価値や生産性を低め、不幸を生み出す。未来に必要なのは、「人の時間を大切にする銀行」だ。

では、そうした組織や人材になるべく行動変容するにはどうしたら良いか。

京都信用金庫顧問の増田寿幸によれば、「『オモロイ』こそ、人の行動変容に決定的影響をもたらす」という。仕事であれ、勉強であれ、スポーツであれ、「オモロイ」と関心を持つがゆえに「自分事」となる。「無関心」から「自分事」は生まれない。そして「付加価値」は、「他人事」の仕事からは決して生まれない。

つまり、「人の時間を大切にするオモロイ仕事」を増やすことが、自ずと「付加価値」を生み出す組織、人材になるための行動変容を意味する。本書が「オモロイエピソード」

にこだわる理由は、ここにある。

いくら「正しいエビデンス」を示しても、「関心」を持ち、「オモロイ」と思えなければ人は動かない。人の行動変容を促さない経営、施策はすべて無意味で、人の時間を台無しにする。

アリストテレスは『弁論術』で、論理（ロゴス）と信用（エトス）、そして共感（パトス）の3条件が整った時、相手を説得（つまり行動変容）できると説いている。

地域金融についていえば、「オモロイ」と誰もが自然に思える現場、人事制度、コミュニケーション戦略を整えれば、人と組織は行動変容できる。

課題のある悩ましい時代こそ、絶好のチャンスなのだ。

（敬称略）

橋本卓典（はしもと たくのり）

1975年東京都生まれ。共同通信社編集委員。慶應義塾大学法学部政治学科卒業。2006年共同通信社入社。経済部記者として流通、証券、大手銀行、金融庁を担当。2020年4月から編集委員。金融行政と地域経済・地域金融の取材を精力的に続けている。2016年5月に『捨てられる銀行』（講談社現代新書）を刊行し、ベストセラーとなる。

文春新書

1400

地銀《ちぎん》と中小《ちゅうしょう》企業《きぎょう》の運命《うんめい》

2023年3月20日　第1刷発行

著　　者　　橋　本　卓　典
発 行 者　　大　松　芳　男
発 行 所　株式会社　文　藝　春　秋

〒102-8008　東京都千代田区紀尾井町3-23
電話（03）3265-1211（代表）

印 刷 所　　理　想　社
付物印刷　　大 日 本 印 刷
製 本 所　　大　口　製　本

定価はカバーに表示してあります。
万一、落丁・乱丁の場合は小社製作部宛お送り下さい。
送料小社負担でお取替え致します。

ISBN978-4-16-661400-4